गीत गोविन्द

गीत गोविन्द

अनुवाद

नागार्जुन

वाणी प्रकाशन

प्रकाशन के उत्कृष्टतम 63 वर्ष

vaniprakashan.com

सजिल्द पहला संस्करण : 2014
सजिल्द दूसरा संस्करण : 2020
सजिल्द तीसरा संस्करण : 2023
सजिल्द चौथा संस्करण : 2026

वाणी प्रकाशन

4695, 21-ए, दरियागंज, नयी दिल्ली-110 002

फ़ोन : + 91 11 23273167, 23275710

शाखाएँ

अशोक राजपथ, पटना-800 004, बिहार

कॉफ़ी हाउस कैम्पस, महात्मा गांधी मार्ग, प्रयागराज-211 001, उत्तर प्रदेश

महात्मा गांधी अन्तरराष्ट्रीय हिन्दी विश्वविद्यालय, वर्धा-442 001, महाराष्ट्र

sales@vaniprakashan.in
vaniprakashan@gmail.com

Geet Govind
Translated by Nagarjun

ISBN : 978-93-5072-575-7
Poetry

मूल्य : ₹200

आर.टेक. ऑफ़सेट, दिल्ली-110 032 में मुद्रित

वाणी प्रकाशन का लोगो मक़बूल फ़िदा हुसैन की कूची से

पूर्व-पीठिका

कवि जयदेव को हुए 800 वर्ष बीते हैं।

वह बंगाल के गौड़ राजा लक्ष्मण सेन के दरबारी कवि थे।

लक्ष्मण सेन 1119 ई. में सिंहासन पर बैठा, बल्लाल सेन उसका पिता था। वह कब तक राज करता रहा, पता नहीं। उमापति, शरण, गोवर्धन, धोयी और जयदेव-पाँचों कवि लक्ष्मण सेन के दरबार की शोभा थे।

बीरभूमि (पश्चिम बंगाल) इलाके में एक गाँव है केंदुली, वहाँ अब भी जयदेव की समाधि मौजूद है। हर साल मकर-संक्रांति के अवसर पर समाधि के इर्द-गिर्द बहुत बड़ा मेला लगता है। हज़ारों वैष्णव जुटते हैं, कीर्तन करते हुए कवि की समाधि के चारों ओर फेरा लगाते हैं।

'भक्तमाल' (संस्कृत) में चंद्रदत्त कवि ने 'गति-गोविंद' के रचयिता की जीवनी दी है, उसका सारांश इस प्रकार है–

उड़ीसा में पुरी (जगन्नाथ) के निकट ब्राह्मणों की एक बस्ती थी, विंदुविल्व। वहीं जयदेव का जन्म हुआ। उसी गाँव में देवशर्मा नाम का एक अन्य ब्राह्मण था।

देवशर्मा के बहुत दिनों तक कोई संतान नहीं हुई तो उसने जगन्नाथ से प्रार्थना की-पहली सन्तान आप ही को अर्पित कर दूँगा। एक कन्या हुई, फिर लड़के भी हुए। लड़की को वह जगन्नाथ जी के पास ले गया। पुजारी से सारी बातें बतला दीं और लड़की को वहीं छोड़ आया।

पुजारी को स्वप्न हुआ-लड़की जयदेव को दे दो।

जयदेव गाँव के बाहर एक कुटिया में रहकर स्वाध्याय करते थे। पुजारी उस लड़की को जयदेव के समक्ष ले गया। उन्होंने लड़की को अस्वीकार कर दिया। परन्तु पुजारी बेचारी को वहीं छोड़ आया।

अकेली और असाहय देखकर भक्त जयदेव का हृदय उस किशोरी पर द्रवित हुआ, अपने पास रखकर उन्होंने उसे शिक्षा देना आरम्भ कर दिया। लड़की का नाम था पद्मावती। आगे चलकर पद्मावती से जयदेव का विवाह हो गया। दोनों तन्मय होकर जगन्नाथ का कीर्तन करने लगे।

एक बार जयदेव के मन में विचार उठा-क्यों न मैं अपने गीतों से ही भगवान को प्रसन्न करूँ? दूसरों के बनाए गीतों की क्या ज़रूरत है?

बस, फिर क्या था! शुरू हुई पदों की रचना। उसी दिन से 'गीत-गोविंद' के गीतों का निर्माण आरम्भ कर दिया कवि ने। अपने गीतों से ही अब जयदेव भगवान जगन्नाथ को रिझाने लगे।

दसवाँ गीत जोड़ते समय एक कड़ी ने कवि को भारी उलझन में डाल दिया। "...कृष्ण राधा से अनुनय कर रहे थे : कामज्वर को ठंडा करने वाला अपना चरण-पल्लव तुम मेरे माथे पर रख दो, प्यारी!..." संकोच के मारे गीत को यह कड़ी वह जोड़ नहीं पा रहे थे, ऊबकर आखिर नहाने चले गये। पीछे से भगवान स्वयं कवि जयदेव का रूप धारण करके आये और लिख गये :

'स्मरगरल खंडनं
मम शिरसि मंडनं
देहि पदपल्लवमुदारम्...'

वह नहाकर लौटे तो यह पद देखकर चकित रह गये। पत्नी से पूछा तो वह आँखें नचाकर बोली-"भंग तो नहीं पी ली है? अभी-अभी खुद ही आकर लिख गये, और अब मुझसे पूछने आये हो कि कौन लिख गया है!"

कवि को विश्वास हो गया, यह भगवान की ही लीला है ! तब से पति-पत्नी दोनों 'गीत-गोविंद' के पदों को नाच-नाचकर गाने लगे।

एक बार वहाँ के राजा ने किसी के मुँह से 'गीत-गोविंद' के पदों को सुना तो बहुत ही प्रभावित हुआ। उसने खुद भी 'गीत-गोविंद' की तरह के लिखे-एक दूसरा गीत-गोविंद तैयार करके राजा ने प्रजा को आदेश दिया : आज से मेरे ही गीत-गोविंद के पद गाये जाएँगे, जो ऐसा नहीं करेगा उसे सज़ा होगी।

जयदेव ने राजा की आज्ञा को नहीं माना, वह बराबर अपने ही पद गाते रहे। राजा ने कैफियत तलब की तो कवि ने कहा-"महाराज, भगवान् आपके पदों को उतना पसन्द नहीं करते जितना कि मेरे पदों को, आप चाहें तो इस बात की परीक्षा कर लें।"

जगन्नाथ की प्रतिमा के सामने दोनों गीत-गोविंद रखे गये। राजा ने भगवान् के सामने हाथ जोड़कर कहा-"इनमें से जो अच्छा हो, उसे ऊपर रख दीजिए, प्रभो!"...यह कहकर उसने फाटक बन्द करवा दिया। कुछ देर बाद वह खुला तो जयदेव वाला 'गीत-गोविंद' ऊपर दिखाई पड़ा।

राज़ा को अपनी हार माननी पड़ी। तब से सर्वत्र कवि जयदेव के 'गीत-गोविंद' का प्रसार-प्रचार होने लगा।

एक बार कोई औरत खेत में बैंगन तोड़ रही थी, साथ ही जयदेव के पदों को भी गाती थी। प्रेम और भक्तिपूर्वक गाए जाने वाले वे पद भगवान् जगन्नाथ को इतने मोहक लगे कि वह बैंगन के खेत में उस औरत के पीछे-पीछे हो लिए और अपने कीमती कपड़े काँटों से छिदवा लाए। अगले दिन पुजारी ने प्रतिमा के वस्त्रों की

दुर्दशा देखी तो बेचारा भारी संकट में पड़ा, लेकिन सपने में राजा को सारा भेद मालूम हो गया था। बैंगन बेचनेवाली वह औरत दरबार में बुलाई गई, उसे पुरी में बसाया गया। तब से जयदेव भक्तराज माने जाने लगे। उनके पदों में मानों पंख लग गए।

यूरोप के वेबर, कीथ आदि संस्कृत-पंडितों ने 'गीत-गोविंद' के रचना-कौशल की मुक्तकंठ होकर प्रशंसा की है। अति सरस होने से यह कई विद्वानों को खटकता भी रहा है। परंतु अंग्रेजी में क्या सॉलोमन के गीत नही हैं? डा. राजेन्द्रलाल मिश्र ने लिखा है-'गीत-गोविंद के और सॉलोमन के गीतों की समता से डॉ. आदम क्लार्क बहुत मुग्ध हो गये, बाइबल की अपनी टीका तक में उन्होंने इस बात की चर्चा की है।'... नमूने के तौर पर संत सॉलोमन का एक गीत यहाँ दिया जाता है :

प्राप्त करूँ मैं
अपने प्रिय के अगणित चुम्बन
कुच-युगलों के बीच लेटकर
पड़ा-पड़ा वह रात बिताए
इस छाती पर
इस ग्रीवा के नीचे उसका वाम बाहु हो
अन्य बाहु हो आलिंगनरत!*

विद्यापति पर तो 'गति-गोविंद' का इतना अधिक प्रभाव पड़ा कि लोगों ने उन्हें 'अभिनव जयदेव' की उपाधि ही दे डाली।

यहाँ विद्यापति के कुछ वैसे पद दिए जाते हैं जिनमें यह भाव-साम्य अथवा छाया-सादृश स्पष्ट परिलक्षित होता है :

1. कतहु मदन तन दहसि हमारि
हम नहि शंकर, हँउ वरनारि
नहि जटा इह वेणिविभंग
मालति माल न सिर पर गंग
कंठ गरल नहि मृगमदसार
नहि फनिपति उर एहि मनिहार। (विद्यापति)
हृदि विलसता हारी नायं भुजंगमनायकः
कुवलयदलश्रेणी कंठ न सा गरलद्युतिः
मलयजरजो नेदं भस्म प्रियारहिते मयि
प्रहर न हर भ्रान्त्याऽनंग क्रुधा किमुधावसि। (जयदेव)

---

* Let him kiss me with the kisses of his mouth ...he shell lie all night betwixt my breast his left hand is under my head and right hand doth embrace me.

–Songs of Soloman.

2. लोचन अरुन बुझल बड़ भेद
   रयनि उजागर गरूअ विभेद
   ततहि जाह हरि ने करह लाथ
   रअनि गमओलह जनिके साथ। (विद्यापति)

हरिहरि याहि माधव याहि केशव मा वद कैतववादं
रजनिजनितगुरुजागररागकषायितमलसनिमेषं। (जयदेव)

3. नृप आसननवपीठलपात
   कंचन कुसुम छत्र धरु माथ
   कुंद वल्लितरु धवल निसान
   पाटलतून असोकदल बान। (विद्यापति)

मदनमहीपतिकनकदंडरुचिकेसर कुसुमविकासे
मिलितशिलीमुखपाटलिपटलकृतस्मरतूणविलासे। (जयदेव)

4. चंद्रातप उड़े कुसुमपराग
   मलयपवन सहमेल अनुराग। (विद्यापति)
   दरविगलितमल्ली वल्लिचंचत्पराग
   प्रकटितपहवासै...। (जयदेव)

सन् 1935 में अखिल भारतीय प्राच्य परिषद (ऑल इंडिया ओरियंटल कॉन्फरेंस) का वार्षिक अधिवेशन हुआ था, मैसूर में। दिसम्बर के अंतिम दिन थे।

उस अवसर पर विदुषी मुत्ताम्मा ने 'गीत-गोविंद' के आठवें सर्ग के पहले दो गीतों का गायन और भावानुसार अभिनय भी किया था। श्रोता और दर्शक मुग्ध हो गये-कई विदेशी विद्वान भी वहाँ मौजूद थे।

दक्षिण भारत, बंगाल, उड़ीसा, असम, बिहार प्रदेशों में 'गीत-गोविंद' के पदों का अभिनय एवं गायन अब भी देखा-सुना जा सकता है। वैष्णव तीर्थों में अब भी लोग जयदेव के पदों को गुनगुनाते रहते हैं।

यह उस शैली का परम प्राचीन रूपक है जो पूर्णता-प्राप्त शैलीवाले नाटकों से पहले मौजूद रहा होगा-'गीत-गोविंद' के सम्बन्ध में ऐसा मानना असंगत है। भारतीय नाट्यशैली का पूर्ण विकास हमें भास, कालिदास आदि के नाटकों में दिखाई पड़ता है, जयदेव तो बारहवीं सदी में हुए हैं। हाँ, समकालीन राग-रागिनियों के अनुसार कोमल-कान्त पदावलियों का विन्यास और सामन्ती रसोपलब्धि का वैष्णवीकरण इस कवि की अपनी खूबियाँ समझी जाएँगी।

—नागार्जुन

●

* मेघैर्मेदुरम्बरं वनभुवः श्यामास्तमालद्रुमैः
नक्तं भीरुरयं त्वमेव तदिमं राधे गृहं प्रापय।
इत्थं नन्दनिदेशतश्चलितयोः प्रत्यध्वकुञ्जद्रुमं।
राधा-माधवयोर्जयन्ति यमुनाकूले रहः केलयः।।

बरसात ज़ोरों पर थी। नदी-नाले भरे पड़े थे। धानी रंग की साड़ी और चादर में प्रकृति नटी खूब फब रही थी। ऐसे समय में एक रात नन्द ने वृषभानु-कुमारी राधा से कहा :

*"आकाश बादलों से लदा है। तमाल के तरुण वृक्षों के कारण वनभूमि साँवली-सलोनी लगती है। रात बहुत बीत गयी है और हमारा लड़का ठहरा डरपोक! अभी और कौन है जो इसे ले जाएगा? जाओ लली, तुम्हीं इसे पहुँचा आओ।"

नन्द का आदेश पाते ही श्री राधा और श्री गोविंद दोनों चले। यमुना की कछार और ब्रज की कुंज-मनोरम पगडंडियाँ! अकेले में काम-केलि का मनमाना अवसर पाकर दोनों धन्य हो गये...ऐसे राधाकृष्ण की जय हो! (इसी प्रकार कवि जयदेव ने अपने गीतों का मंगलाचरण किया है।)

●

वाग्देवता चरितचित्रितचित्तसा
पद्मावतीचरणचारणचक्रवर्ती।
श्री वासुदेवरतिकेलिकथासमेतं
मेतत्करोति जयदेवकविः प्रबन्धम्।।
यदि हरिस्मरणे सरसं मनो
यदि विलासकलासु कुतूहलम्।
मधुरकोमलकान्तपदावलीं
शृणु तदा जयदेव-सरस्वतीम्।।
वाचः पल्लवयत्युमापतिधरः सन्दर्भशुद्धिं गिरां
जानीते जयदेव एव शरणः श्लाध्यो दुरूहद्रुतेः।
शृंगारोत्तरसत्प्रमेयरचनैराचार्य्यगोवर्धन-
स्पर्द्धी कोऽपि न विश्रुतस्त्रिभुवने धोयी कविः क्ष्मापतिः।।

जिसके मन-मंदिर में सरस्वती के चरित अंकित हैं और जो राधा के श्रीचरणों का महान् गुणगायक है, वह जयदेव कवि कृष्ण की केलि-कथाओं से समन्वित काव्य की रचना करने जा रहा है।

यदि हरि की स्मृतियों से मन को सरस करना चाहो और यदि भोग-विलास की कलाएँ जानने का कौतूहल हो तो कवि जयदेव की मधुर-कोमल-कमनीय पदों वाली कविता सुनो।

कवि उमापतिधर बातों को फैलाकर कहना जानता है। कवि शरण की प्रसिद्धि है कठिन काव्यों की शीघ्र रचना में। सामान्य नायक-नायिका का वर्णन करते समय शृंगार रस के चरम परिपाक में आचार्य गोवर्धन अनुपम हैं। कविवर धोयी को सारी रचनाएँ याद रहती हैं-अपनी और पराई भी। परन्तु वाणी और अर्थ की सन्दर्भ-शुद्धि तो जयदेव ही जानता है।

●

(मालव-गौड़ राग-रूपक ताल)

प्रलयपयोधिजले धृतवानसि वेदं
विहित वहित्रचरित्रमखेदं
केशव धृतमीनशरीर
जय जगदीश हरे!

क्षितिरतिविपुलतरे तिष्ठति तव पृष्ठे
धरणिधरण किणचक्रगरिष्ठे
केशव धृतकूर्म्मशरीर
जय जगदीश हरे!

वसति दशनशिखरे धरणी तब लग्ना
शशिनि कलंककलेव निमग्ना
केशव धृतशूकररूप
जय जगदीश हरे!

प्रलय काल में जब सारा संसार जलमय हो रहा था तो हे भगवान्, तुमने वेदों की रक्षा कीः उनके लिए तुमने नाव का काम किया। हे मीन-(मछली) शरीर-धारी जगदीश, तुम्हारी जय हो!

तुम्हारी चौड़ी पीठ पर सारी धरती आ गयी, बड़े-बड़े घट्ठे पड़ गए। कच्छप-रूपधारी भगवान्, तुम्हारी जय हो!

तुम्हारी सफेद दाँतों की नोक पर धरती ऐसी लगती है जैसे चन्द्रकला पर काला निशान। हे वराह-रूपधारी भगवान, तुम्हारी जय हो !

●

तव करकमलवरे नखमद्भुतशृङ्गं
दलित हरिणयकशिपुतनुभृङ्गं
केशव धृतनरहरिरूप
जय जगदीश हरे !

छलयसि विक्रमणे बलिमद्भुतवामन
पदनखनीर जनितजनपावन
केशव धृतवामनरूप
जय जगदीश हरे !

क्षत्रियरुधिरमये जगदपगतपापं
स्नपयसि पयसि शमितभवतापं
केशव धृतभृगुपतिरूप
जय जगदीश हरे !

कैसे विचित्र हैं तुम्हारे कर-कमल ! कि जिनके नुकीले सूँगों (शृंगों) ने हिरनाकस के शरीर-रूपी भ्रमर को फाड़ डाला ! (भ्रमर के सूँग कमल को छेदते हैं, न कि कमल के सूँग भ्रमर को)। हे नृसिंह भगवान्, तुम्हारी जय हो !

अपने चरण-उदक से जनता को पवित्र करने वाले हे वामन ! कितने अद्भुत थे तुम! दो ही पग में तीनों लोक टाप गये-बलि को मात दे दी। भगवान् तुम्हारी जय हो! क्षत्रियों के शोणित से संसार को नहलाने वाले परशुराम, तुम्हारी जय हो!

●

वितरसि दिक्षु रण दिक्पतिकमनीयं
दशमुखमौलिबलिं रमणीयं
केशव धृतरामशरीर
जय जगदीश हरे !

वहसि वपुषि विशदे जलदाभं
हलहति भीति मिलित यमुनाभं
केशवधृत हलधररूप
जय जगदीश हरे !

निन्दसि यज्ञविधेरहह श्रुतिजातं
सदयहृदयदर्शितपशुघातं

केशव धृतबुद्धशरीर
जय जगदीश हरे !

दसों दिशाओं के दिक्पालों को तुमने (रावण के) दस शिरों की सुंदरबलि दी। हे राम, तुम्हारी जय हो!

गोरी देह पर आसमानी वस्त्र धारण करने वाले! लगता है कि हल-प्रहार के पुनः सम्भावित आंतक से यमुना ने अपना रंग तुममें मिला दिया है। हलधर बलदेव, तुम्हारी जय हो !

यज्ञविधान की वैदिक परंम्परा को तुम निन्द्य बतलाते हो-पशुवध तुम्हें असह्य है। हे भगवान् बुद्ध, हे विष्णु के शांतिमय अवतार, तुम्हारी जय हो

●

म्लेच्छनिवहनिधने कलयसि करवालं
धूमकेतु मिव किमपि करालं
केशव धृतकल्किशरीर
जय जगदीश हरे !

श्री जयदेवकवेदिमुदितमुदारं
शृणु सुखदं शुभदं भवसारं
केशव धृतदशविधरूप
जय जगदीश हरे!

वेदानुद्धरते जगन्ति वहते भूगोलमुद्बिभ्रते
दैत्यं दारयते बलि छलयते क्षत्रक्षयं कुर्वते।
पौलस्तयं जयते हलं कलयते कारुण्यमातन्वते
म्लेच्छान् मूर्च्छयते दशाकृतिकृते कृष्णाय तुभ्यं नमः।।

म्लेच्छों का नाश करने के लिए तुमने तलवार उठाई-धूमकेतु की भाँति उनका नामोनिशान तक मिटा दिया। हे कल्कि अवतारधारी भगवान् तुम्हारी जय हो!

श्री जयदेव कवि द्वारा गाया गया यह सुखदायी गीत सुनो! (श्रोताओं, तुम्हारा कल्याण होगा) भगवान ने दस रूप धारण किए-जगदीश की जय हो!

वेदों का उद्धार... तीनों लोक को पीठ पर उठाए रहे... दाँतों से पृथ्वी का उद्धार... दैत्यराज का पेट फाड़ डाला...घमंडी बलि का होश दुरुस्त किया... क्षत्रियों का सत्यानाश... रावण को मारा... हलधर बने करुणा का प्रचार किया... म्लेच्छों का विध्वंस-इस प्रकार दस आकृति धारण करनेवाले हे कृष्ण, तुम्हें नमस्कार!

(गुर्जरी राग-निःसार ताल)
श्रितकमलाकुचमण्डल धृतकुण्डल कलितललितवनमाल
जय जय देव हरे!
दिनमणिमण्डलमण्डन भवखण्डन मुनिजनमानसहंस!
कालियविषधरगंजन जनरंजन यदुकुल नलिनदिनेश।
मधुमुरनरकविनाशन गरुड़ासन सुरकुलकेलिनिदान!
अमलकमलदललोचन भवमोचन त्रिभुवननिधान!

लक्ष्मी के स्तनों पर हाथ रखे हुए, कुंडलभूषित वनमाली! तुम्हारी जय हो! हे हरि, तुम्हारी जय हो!

हे सूर्यमंडल की शोभा, भवताहारी, मुनिजनमानसहंस! तुम्हारी जय हो!

हे कालिय नाग-नथैया, लोकप्रिय, यदुकुल-कमल-दिवाकर कृष्ण! तुम्हारी जय हो!

मधु-मुर-नरक नामक राक्षसों का संहार करनेवाले, सुरगण-सुखदायी, हे गरुड़ासन भगवान्! तुम्हारी जय हो!

हे अमल कमलपत्र की तरह आँख वाले, जन्म-मरण सम्बन्धी दुखों से मुक्ति दिलानेवाले, त्रिलोक के आधार ! तुम्हारी जय हो!

जनकसुताकृतभूषण जितदूषण समरशमितदशकंठ
अभिनवजलधरसुन्दर धृतमन्दर श्रीमुखचन्द्रचकोर!
तव चरणे प्रणता वयमिति भावय कुरुकुशलं प्रणतेषु।
श्री जयदेवकवेरिदं कुरुते मुदं मंगलगुज्ज्वलगीत।

पद्मापयोधरतटीपरिरम्भलग्न
काश्मीरमुद्रितमुरो मधुसूदनस्य।
व्यक्तानुरागमिव खेलदनङ्गखेद
स्वेदाम्बुपूरमनुपूरयत प्रियम्वः।।

हे जानकीभूषण, दूषण (राक्षस) नाशकारी, रावण के यमराज! तुम्हारी जय हो!

नये मेघ की भाँति मनोहर हरि! तुम लक्ष्मी के मुख-चंद्र के लिए चकोर हो। तुम्हारी जयजयकार करता हूँ मैं। हम तुम्हारे चरणों पर झुक गये हैं, हमारा कल्याण करो। श्री

जयदेव कवि का यह निर्मल गीत श्रोताओं को कल्याण और सुख दे रहा है।

कसकर आलिंगन करते समय लक्ष्मी के स्तनों का केसर भगवान् की छाती में लग गया हैः परस्पर काम-केलि (मैथुन) से पसीना निकल आया है। ऐसा लगता है कि ढलमलाती बूँदों के रूप में उनका अनुराग ही प्रकट हो रहा है-यह सब तुम्हारा भला करें।

●

वसन्ते वासन्तीकुसुमसुकुमारैरवयवैः
भ्रमन्ती कान्तारे बहुविहितकृष्णानुसरणां
अमन्दं कन्दर्पज्वरजनितचिन्ताकुलतया
वलद्बाधां राधां सरसमिदमूचे सहचरी।
(वसन्तराग-यति ताल)
ललित लवंगलतापरिशीलन कोमलमलयसमीरे
मधुकरनिकरकरम्बित कोकिलकूजितकुञ्जकुटीरे
विहरति हरिरिह सरसवसन्ते
नृत्यति युवतिजनेन समं सखि विरहिजनस्य दुरन्ते।

वसन्त के दिन थे। राधा व्याकुल होकर कृष्ण को खोज रही थी। जंगल में भटक-भटककर अपने कुसुम-कोमल अंगों को उसने झुलसा लिया था। काम-ज्वर से बेचारी का खून खौल रहा था। फिर भी कुँवर कन्हैया हाथ नहीं आ रहे थे। ऐसी स्थिति में सरसतापूर्वक एक सखी ने राधा से कहाः

" देखो तो प्यारी, वृंदावन कैसा लग रहा हैं ! सुन्दर से सुन्दर लवंग-लतिकाएँ दक्षिण पवन द्वारा आलिंगित हो रही है। कुंज की कुटियों में भौंर गुनगुना रहे हैं, कोयल की कूक तो सुनो। सरस वसन्त में कृष्ण विहार कर रहा है। वह स्वयं तो तरुणियों और किशोरियों के साथ रास रचाए हुए है, परन्तु विरही और विरहिनों के लिए यह सब असह्य है।"

●

उन्मदमदनमनोरथपथिकवधूजनजनितविलापे
अलिकुलसंकुलकुसुमसमूहनिराकुलवकुलकलापे

मृगमदसौरभरभसवशम्वदनवदलसमालतामले
युवजनहृदयविदारणमनसिजनघरुचिकिंशुकजाले

मदनमहीपतिकनकदंडरुचिकेशरकुसुमविकासे
मिलितशिलीमुखपाटलिपटलकुतस्मरतूणविलासे

विगलितलज्जितजगदवलोकनतरुणकृतहासे
बिरहिनिकृन्तनकुन्तमुखाकृतिकेतकिदन्तुरिताशे।

काम-मद से मतवाली होकर पथिक-वधुएँ विलाप कर रही हैं। बकुल वृक्ष फलों से लद गये हैं जिन पर मकरंद-लोभी भ्रमरों ने कोलाहल मचा रखा है।

पल्लवों से सुसज्जित तमाल तरु कस्तूरी जैसी नयी सुगंध फैला रहे हैं। अधखिले किंशुकपुष्प विरही तरुणों का कलेजा फाड़ने में नाखून का काम कर रहे हैं।

वसन्त के प्रकृति-राज्य में कामदेव राजा की भाँति हैं। विकसित नागकेसर उनका स्वर्णछत्र है और भ्रमर-मंडित गुलाब तीरों से पूर्ण तरकस का काम कर रहे हैं।

वसन्त ऋतु की विचित्रता तो देखो, सारे जीव-जन्तु लज्जा को तिलांजलि दे बैठे हैं। केतकी (क्यौड़ा) के दन्तुरित फूल कैसे लग रहे हैं? ऐसे कि विरहियों का हृदय मानो इन्ही को चीरता है।

●

माधविकापरिमलललिते नवमालिकयातिसुगन्धौ
मुनिमनसामपि मोहनकारिणि तरुणाकारणबन्धौ

स्फुरदतिमुक्तलतापरिरम्भणपुलकितमुकुलितचूते
वृन्दावन विपिने परिसरपरिगतयमुनाजलपूते

श्रीजयदेवभणितामिदमुदयति हरिचरणस्मृतिसारं
सरसवसतन्तसमयवनवर्णनमनुगतमदनविकारं

दरविदलितमल्लीवल्लिचञ्चत्पराग
प्रकटितपटवासैर्वासयन् काननानि
इह हि दहित चेतः केतिकीगन्धबन्धुः
प्रसरदसमवाणप्राणवद्गन्धवाहः।

माधविका और नवमालिका की भीनी-भीनी खुशबू आ रही है। वसन्त का समय तरुण और तरुणियों का अकारण बन्धु है। यह मुनियों का मन मोह लेता है।

मचलती-इठलाती जूही ने जाकर जब सहकार (आम) के तरुण वृक्ष को आलिंगित किया तो वह पुलकित हो उठा। उसमें बौर निकल आये।

आस-पास बहने वाली यमुना के जल से पवित्र है यह वृंदावन। भगवान् की स्मृतियों से पूर्ण है जयदेव का कथन। राधा के मदन-विकार को आधार बनाकर किया गया यह सरस वसन्त-वर्णन कितना सुन्दर है!

कामदेव का प्राण-स्वरूप यह मलयानिल हृदय में जलन पैदा करता है, बेली और चमेली के पराग से इसने वनभूमि को सुरभित कर डाला है।

●

अद्योत्संगवसद्भुजंकवलक्लेशादिवेशाचलं
प्रालेयप्लवनेच्छयाऽनुसरति श्रीखण्डशैलानिलः
किञ्च स्निग्धरसालमौलिमुकुलान्यालोक्य हर्षोदयाद्
उन्मीलन्ति कुहूः कुहूः इति कलोत्तालाः पिकानां गिरः
उन्मीलन्मधुगलुब्धमधुपव्याधूतचूतांकुर
क्रीडत्कोकिलकाकलीकलकलैः उद्गीर्णकर्णज्वराः
नीयन्ते पथिकैः कथंकथमपि ध्यानावधानक्षण-
प्राप्तप्राणसमासमागमरसौल्लासैरमी वासराः
अनेकनारीपरिरम्भसम्भ्रमस्फुरन्मनोहरिविलासलालसं
मुरारिमारादुपदर्शयन्त्सौ सखीसमक्षं पुनराह राधिकाम्।

चंदन वृक्षों की जड़ में बड़े-बड़े विषधर साँप हैं। उनके विष में मलयानिल व्याकुल हो उठा और बड़ी कठिनाई से उत्तर की ओर चला है। वहाँ हिमालय में आज वह अपनी जलन मिटाएगा।

आम्र की रस-भरी मंजरियाँ देखकर खुशी के मारे कोयलों ने 'कहू-कहू' की मानो रट लगा दी है।

आम्र-मंजरियों की भीनी-भीनी महक जितनी ही फैलती है, भौंरे उतने ही उल्लास से उन मंजरियों को आन्दोलित करते हैं। कोयल की कूक से बटोहियों के कान गरमा गये हैं। ध्यानस्थ होकर स्मृति द्वारा ही से समागम-सुख की अनुभूति ले रहे हैं इस प्रकार बेचारे विरही जिस किसी भाँति वसन्त के ये दिन काट रहे हैं।

सखी ने दिखलाकर कहा-"देखो वृषभानुदुलारी, वह रहे तुम्हारे कन्हैया! एक साथ ही आप अनेक युवतियों के बाहुपाश में अपने को आबद्ध किए हुए हैं...इतने से भी मन नहीं भर रहा है और भोग-विलास की लालसा और भी प्रबल हो उठी है।"

●

(रामकिरी राग-यति ताल)

चन्दनचर्चितनीलकलेवरपीतवसनवनमाली
केलिचलत्मणिकुण्डलमण्डितगण्डयुगस्मितशाली
हरिरिह मुग्धवधूनिकरे, विलासिनि विलसित केलिपरे
पीनपयोधरभारभरेण हरि परिरस्य सरागं
गोपवधूरनुगायति काचिदुदञ्चितपञ्चमरागं
कापि विलासविलोलविलोचनखेलजनितमनोजं
ध्यायति मुग्धवधूरधिकं मधुसूदनवदनसरोजं
कापि कपोलतले मिलिता लपितुं कमपि श्रुतिमूले
चारु चुचुम्ब नितम्बवती दयितं पुलकैरनुकूले
केलिकलाकुतुकेन च काचिदमुं यमुनाजलकूले
मञ्जुलवञ्जुलकुञ्जगतं विचकर्ष करेण दुकूले।

मुग्धाओं के मध्य में हरि विलास कर रहे हैं, बिल्कुल निमग्न हैं। नीला कलेवर चंदन से अनुलिप्त है। परिधान में पीतांबर है, वनमाला धारण किए हुए हैं। सम्भोग-काल में मणिमय और मकराकृति कुंडल हिल-डुल रहे हैं, इससे गालों की छटा निराली लगती है।

किसी गोपी ने घन-उन्नत स्तनों से कृष्ण को कसकर दबा लिया है और पंचम राग में गाना शुरू कर दिया है।

कोई गोपी कँटीली आँखों से बाँका-तिरछा देखनेवाले हरि की ओर बार-बार देखती जा रही है।

किसी ने कुछ करने के बहाने अपना मुँह कान के बिल्कुल निकट ले जाकर उन्हें चट् से चूम लिया।

कोई पल्ल पकड़कर उन्हें यमुना के कछार में खींच रही थी कि मेरे साथ कुछ काम-केलि करो।

●

करतलतालतरलवलयावलिकलितकलस्वनवंशे
रासरसे सहनृत्यपरा हरिणा युवतिः प्रशशंसे
श्लिष्यति कामपि चुम्बति कामपि कामपि रमयति रामां
पश्यति सस्मितचारुपरामपरामनुगच्छति वामां
श्रीजयदेवभणितमिदमद्भुतकेशवकेलिरहस्यं
विपिनविनोदकलापलितं वितनोतु शुभानि यशस्यं।
विश्वेषामनुरञ्जनेन जनयन्नानन्दमिन्दीवर-

श्रेणीश्यामलकोमलै रूपनयन्नगैरनंगोत्सवं
स्वच्छन्दं व्रजसुन्दरीभिरभितः प्रत्यंगमालिंगितः
शृंगारः सखि मूर्तिमानिव मधौ मुग्धो हरिः क्रीड़ति।

रास में साथ देने पर किसी गोपी को जब बड़ा ही आनन्द आया तो कृष्ण के बाँसुरी बजाने में वह तालियों पीटकर ताल देने लगी। कृष्ण ने भी 'वाह-वाह' कहकर उसकी प्रशंसा की।

वह किसी से चिपटता है, किसी को चूमता है, किसी के साथ सम्भोग करता है, किसी को मुसकराकर गौर से ताकता है और किसी से पैर मिलाकर चलता है।

ऐसा है केशव की केलि का यह रहस्य इसे कवि जयदेव ने बखाना है। यह तुम्हारे लिए कल्याण और यश फैलाए!

कृष्ण क्रीड़ा में निमग्न हैं। अनुरंजित करके लोगों को वह आनन्द प्रदान करता है। इन्दीवर (नील कमल) सदृश सुन्दर और कोमल अंगों से कामदेव के लिए महोत्सव की सामग्री जुटाता है। ब्रज-सुन्दरियाँ उसके एक-एक अंगों को अशेष और निःसीम परितृप्ति के साथ आलिंगित कर रही हैं। वसन्त के इन दिनों में तो मूर्तिमय शृंगार ही प्रतीत होता है।

●

रासोल्लासभरेण विभ्रमभृतामाभीरवामभ्रुवां
अभ्यर्णे परिरम्य निर्भरमुरः प्रेमान्धया राधया
साधु त्वद्वदनं सुधामयमिति व्याहृत्य गीतास्तुति-
व्याजादुद्भटचुम्बितः स्मितमनोहारी हरिः पातु वः।

इति श्री गीतगोविन्दमहाकाव्ये सामोददामोदरो नाम
प्रथमः सर्गः

अब राधा से न रहा गया। वह हाव-भाव-भरी ब्रज-बालाओं के बिल्कुल निकट आ गयी और कृष्ण को कसकर छाती से लगा लिया। "प्राणवल्लभ, तुम्हारा मुँह अमृतमय है"-यह कहकर गीतों की प्रशंसा के बहाने उसने यदुनन्दन को चूम लिया। बड़े जोर से चूम लिए जाने के कारण कृष्ण का मुखचंद्र उद्भासित हो उठा। ऐसे कृष्ण भगवान् आपकी रक्षा करें !

●

विहरति वने राधा साधारण प्रणये हरौ
विगलितनिजोत्कर्षादीर्षावशेन गताऽन्यतः
क्वचिदपि लताकुंजे गुञ्जन्मधुव्रतमण्डली-
मुखरशिखरे लीना दीनाऽप्युवाच रहः सखीं
सञ्चरदधरसुधामधुरध्वनिमुखरितमोहनवंशं
चलितदृगंचलचञ्चलमौलिकपोलविलोलवतंसं
रासे हरिमिह विहितविलासं
स्मरति मनो मम कृतपरिहासं
चन्द्रकचारुमयूरशिखण्डकमंगलवलयितकेशं
प्रचुरपुरन्दरधनुरनुरञ्जितमेदुरमुदिरसुवेशं
गोपकदम्बनितम्बवतीमुखचुम्बनलम्भितलोभं
बन्धुजीवमधुराधरपल्लवमुल्लतिस्मितशोभम् ।

(कृष्ण को गोपियों के साथ समान भाव से रमण करते देखकर राधा के हृदय में मान जगा। वह अपने को कृष्ण की असाधारण प्राणवल्लभा समझती थी, अब उसे चोट पहुँची।)

ब्रज-सुन्दरियों के साथ हरि की यह रासलीला देखकर राधा मन-ही-मन खिन्न हुई और दूसरी ओर चल पड़ी। एक जगह भ्रमरगुंजित लता-कुंज में जाकर लेट गई और व्यथित मन होकर सखी से बोली :

"प्यारी, हरि का वह विलास मुझे नहीं भूलता। मेरा आहत मन उस दृश्य को बार-बार याद कर रहा है। हरि अपनी मधुर अधर-सुधा से बाँसुरी में प्राण भर रहे हैं। बलखाती भौंहोंवाली उनकी आँखें कैसी चंचल हैं। कानों के आभूषण हौले-हिल रहे हैं।

जगमगाते चाँदों से चित्रित मोरपंखियों से उनके घुँघराले बाल सँवारे हुए हैं, मानो इंद्रधनुषों से अनुरंजित मेघ हों। जिस समय नितम्बवती गोपियों को चूमने के लिए हरि, अपने होंठ बढ़ाते हैं उस समय विकसित बन्धुजीव पुष्प मानो मात खा जाते हैं।"

●

विपुलपुलकभुजपल्लववलयितवल्लवयुवतिसहस्रं
करचरणोरसि मणिगणभूषणकिरणविभिन्नतमिस्रं
जलदपटलवलदिन्दुबिनिन्दकचन्दनतिलकललाटम्
पीनपयोधरपरिसरमर्दननिर्दयहृदयकपाटम्
मणिमयमकरमनोहरकुण्डलमण्डितगण्डमुदारं

पीतवसनमनुगतमुनिमनुजसुरासुरपरिवारं
विशदकदम्बतले मिलितं कलिकलुषभयं शमयन्तं
मामापि किमपि तंरगदनंगदृशा मनसा रमयन्तं
श्री जयदेव भणितमतिसुंदरमोहनमधुरिपुरूपं
हरिचरणस्मरणं प्रति सम्प्रति पुण्यवतामनुरूपम्।

हरि जिस समय आनन्दमग्न हो अपनी बड़ी-बड़ी बाँहों से हज़ार-हज़ार गोपियों को एक साथ ही आलिंगित करते हैं, उस समय उनके कंकण-नूपुर और हार की मणियों की उद्दीप्त आभा से अँधेरा भाग जाता है।

कृष्ण के ललाट का चन्दनतिलक मेघ-वेष्ठित बालशशि को मात करता है। युवतियों के माँसल स्तनों को दबाने और मसलने में उनका हृदय कैसा निर्दय है!

मणिमय एवं मकराकृति कुंडलों से उनके गाल शोभित हैं। पीतांबर...देव-दानव और मुनि-मानव से स्तन घिरे हुए...

"हे सखि, कदम्ब के तले मैंने कलिकलुषहारी उन हरि को देखा है। तरंगी तथा प्रीतिमय नेत्रों से उन्होंने मेरे चित्त को बार-बार मुग्ध किया है।"

कवि जयदेव द्वारा वर्णित मोहन मधुरिपु का यह मनोरम रूप धन्य है जो कि पुण्यवान् व्यक्तियों को हरि का स्मरण दिलाता है।

●

गणपति गुणग्रामं भीमं भ्रमादपि नेहते
वहति च परितोषं दोषं विमुञ्चति दूरतः
युवतिषु बलतृष्णे विहारिणि मां विना
पुनरपि मनो वामं कामं करोति करोमि किम्

(मालगोड़-राग एक ताल)

निभृतनिकुञ्जगृहं गतया निशि रहसि निलीय वसन्तं
चकित विलोकितसकलदृशा रतिरभसभरेण हसन्तं
सखि हे केशिमथनमुदारं
रमय मया सह मदनमनोरथभावितया सविकारं
प्रथमसमागमलज्जितया पटुचाटुशतैरनुकूलं
मृदुमधुरस्मितभाषितया शिथिलीकृतजघनदुकूलम्।

प्रिय सखि, कुँवर कन्हैया मुझे छोड़कर अन्य गोपियों के साथ रासलीला कर रहे हैं: फिर भी मेरा मन उनके प्रति विरक्त नहीं , बल्कि अनुरक्त ही हो रहा है। क्या करूँ? मेरा मन उनके गुणों को ही देखता है, उनका अपराध इसे याद नहीं आता। कृष्ण की करनी पर मेरे को पूर्ण सन्तोष है। उनके अन्दर दोष भी हो सकता है,

इस बात की कल्पना तक वह नहीं कर सकता।

आज तुम बाँकेबिहारी को मुझसे मिलवाओ। मेरा मदन-मनोरथ उस कामी द्वारा पूर्ण हो मैं कुंज में छिपी रहूँगी, प्राण वल्लभ चकित होकर इधर-उधर नज़र मारते हुए मुझे जब देख पाएँगे तो मगन होकर भभाकर हँस देंगे ।

पहले-पहल मिलने के कारण मैं शर्मिन्दा होऊँगी। तब वह नरम-मीठी और चटोरी बातों से मेरी लज्जा को दूर करेंगे। मैं मुसकराकर हौले-हौले बोलूँगी और वह इस कमर की साड़ी की गाँठ को ज़रा ढीली कर देंगे....

●

किसलयशयननिवेशितया चिरमुरसि ममैव शयानं
कृतपरिरम्भणचुम्बनया परिरभय कृताधरपानं
अलसनिमीलित लोचनया पुलकावलिललितकपोलं
श्रम जलसकलकलेवरया वरमदनमदादतिलोलं
कोकिलकलरवकूजितया जितमनसिजतन्त्रविचारं
श्लथकुसुमाकुलकुन्तलया नखलिखितघनस्तनभारं
चरणरणितमणि नूपुरया परिपूरितसुरतवितानं
मुखरविशृंखलमेखलया सकचग्रहचुम्बनदानम्।

पल्लवों का मुलायम बिछावन, उस पर उतान लेटी पड़ी मैं! और, मेरी छाती पर बड़ी देर तक श्यामल किशोर सोए रहेंगे-दोनों एक-दूसरे का आलिंगन और चुम्बन करेंगे।

मदिर और विभोर ये आँखें मुँद जाएँगी, उनके कपोल भी पुलकित हो उठेंगे। सम्भोग से श्रान्त यह कलेवर ढलमाते स्वेद-कणों से और भी सुन्दर दीखेगा। तब हरि की वासना और भी तीव्र हो उठेगी। परितृप्त और मुदित होकर मैं कुहुकने लगूँगी, मदन-युद्ध में वही विजयी होंगे। आकुल कुन्तल के शिथिल कुसुम....नखों से विलिखित स्तन-प्रान्त। पैर हिलते रहने के कारण नूपुर क्या मुखरित न होंगे? कम्पित कटि की करधनी का कलरव सुनकर वह और अधिक आवेग में आ जाएँगे और इस सुवासित जूड़े को पकड़कर फिर-फिर अधर पान करने लगेंगे।

●

रतिसुखसमयरसालसया दरमुकुलितनयनसरोजं
निःसहनिपतिततनुलतया मधुसूदनमुदितमनोजं
श्री जयदेवभणितमिदमतिशयमधुरिपुनिभुवनशीलं
सुखमुत्कंठितगोपवधूकथितं वितनोतु सलीलम्

हस्तस्रस्तविलासवंशमनृजुभ्रू वल्लिमइल्लवी-
वृन्दोत्सरिदृगन्तवीक्षितमतिस्वेदार्द्रगण्डस्थलं
मामुद्वीक्ष्य विलक्षितस्मितसुधामुग्धाननं कानने
गोविंद व्रजसुंदरी गणवृतं पश्यामि हृष्यामि च।

सम्भोग-सुख की चरम अनुभूमि से मेरा अंग-अंग शिथिल हो जाएगा। उनके भी नयनकमल तृप्ति से मुकुलित होंगे।

मनमोहन कृष्ण की रतिलीला का यह सजीव वर्णन कवि जयदेव ने किया है। उत्सुक राधा के कथनानुसार रचित यह गीत आपको सुख पहँचावे।

सखि! बीती बातें रह-रह मुझे याद आती हैं। हरि निकुंज-वन में थे। चारों ओर ब्रज-सुन्दरियाँ उन्हें घेरे हुए थीं। हाथ से बाँसुरी गिर पड़ी थी। कुटिल भौंहवाली तरुणियों पर से आँख उठाकर उन्होंने मेरी ओर देखा था। उनके गाल पसीने से तर थे। मेरी तरफ देखते ही मुस्कान से गोविंद का मुखमंडल दीप्त हो उठा था....यह सब सोचती हूँ तो आनन्द आता है।

●

दुरालोकः स्तोकस्तवकनवकाशोकलतिका-
विकासः कासारो पवनपवनोऽपि व्यथयति
अपि भ्राम्यद्भृंगीरणितरमणीय न मुकुल-
प्रसूतिश्चूतानां सखि शिखरिणीयं सुखयति।

साकूतस्मितमाकुलाकुलगलद्धम्मिल्लमुल्लासित
भ्रूवल्लीकमलीकदर्शितभुजामूलार्द्धदृष्टस्तनं
गोपीनां निभृतं निरीक्ष्य गमिताकांक्षश्चिरं चिन्तयन्
अन्तर्मुग्धमनोहरं हरतुवः क्लेशं नवः केशवः।

इति श्री गीतगोविन्दमहाकाव्ये अक्लेशकेशवों नाम
द्वितीयः सर्गः

थोड़े-थोड़ गुच्छोंवाला यह विकसित अशोक, सखि, मुझसे देखा नहीं जाता; सरोवर और उद्यान का स्पर्श लेकर बहनेवाला यह पवन मुझे व्यथित कर रहा है; भौंरों की 'गुन-गुन' ध्वनि-भरी ये आम्रमंजरियाँ मुझे सुख नहीं पहुँचा पातीं।

विजन में मतलब-भरी मुस्कान से गोपियों ने हरि के प्रति अपना आशय जतलाना चाहा। बाँहों पर से साड़ी के पल्ले को उन्होंने खिसक जाने दिया कि हरि

उनके स्तनों की एक-आध झलक पाकर फिर भड़क उठेंगे, परन्तु उनकी यह आशा पूर्ण नहीं हुई।
कृष्ण की स्मृति में राधा का सौन्दर्य आ बसा....हरि आपके क्लेश को दूर करें!

●

कंसारिरपि संसारवासनाबन्धशृंखलां
राधामाधाय हृदये तत्याज ब्रजसुंदरीः
इतस्तरत्तामनुसृत्य राधिकामनंगवाणव्रणखिन्नमानसः
कृतानुतापः स कलिन्दनन्दिनीतटान्तकुंजे विषसाद माधवः।

(गुर्जरी राग-यति ताल)

मामियं चलिता विलोक्य वृतं वधूनिचयेन
सापराधतया मयापि व वारिताऽतिभयेन
हरि हरि हतादरतया गता सा कुपितेव।

सांसारिक वासनाओं से बाँध रखने वाली शृंखला-अर्थात् मोहिनी-स्वरूपा राधा को अपने हृदय-आसन पर बैठाकर कृष्ण ने दूसरी गोपियों का खयाल छोड़ दिया।

काम के बाण से घायल होकर कृष्ण ने राधिका को इधर-उधर बहुत ही खोजा, पर वह न मिली। तब वह पश्चात्ताप करने लगे। अन्त में यमुना किनारे कहीं किसी कुंज में बैठकर सोच में डूब गये—

'हाय, हाय! मैंने उसका अपमान किया और वह कुपित होकर जाने कहाँ चली गयी! मुझे गोपियों से घिरा देखकर उससे न रहा गया, वह उलटे पैर वहाँ से लौट गयी। मैं उसे रोकता भी तो कैसे? अपराध तो मेरा था ही....!

●

किं करिष्यति किं वदिष्यति सा चिरं विरहेण

किं धनेन जनेन किं मम किं सुखेन गृहेण
चिन्तयामि तदाननं कुटिलभ्रु कोपभरेण
शोणपद्ममिवोपरि भ्रमताऽऽकुलं भ्रमरेण
तामहं हृदि संगतामनिशं भृशं रमयामि
किं वनेऽनुसरामि तामिह किं वृथा विलपामि
तन्वि खिन्नमसूयया हृदयं तवाकलयामि
तन्न वेद्मि कुतो गताऽसि न तेन तेऽनुनयामि

दृश्यते पुरतो गतागतमेव में विदधासि
किं पुरेव न ससम्भ्रमं परिरम्भणं न ददासि।

मेरी प्राणवल्लभा क्या करती होगी,? क्या कहती होगी अपने मन में? धन-दौलत और नौकर-चाकर लेकर में क्या करूँगा? उसके बिना सूना है घर, बेकार है सुख!

रह-रह मुझे उसका मुँह याद आता है...क्रोध से तमतमाता चेहरा-तनी हुई भौंहें! लाल कमल पर मानो बेचैन भ्रमर मँडरा रहा हो!

रात-दिन वह इसी हृदय में ही निवास करती है, निरन्तर मैं उसके साथ रास किया करता हूँ, फिर व्यर्थ ही क्यों मैं इधर-उधर उसे खोजूँ? क्यों मैं विलाप करूँ?

हे कृशांगि, ईर्ष्या के मारे तेरा हृदय जल रहा होगा। किन्तु मैं क्या करूँ? जाने किधर चली गयी हो! मिल जाती तो मना भी लेता....लगता है, आँखों के समक्ष ही तुम घूम-फिर रही हो, फिर भी क्या बात है कि मुझे अपनी छाती से नहीं लगातीं!

●

क्षम्यतामपरं कदापि तवेदृशं न करोमि
देहि सुंदरि दर्शन मम मन्मथेन दुनोमि
वर्णितं जयदेवकेन हरेरिदं प्रवणेन
केन्दुविल्वसमुद्रसाभवरोहिणी रमणेन
हृदि विसलताहारोनायं भुजंगमनायकः
कुवलयदलश्रेणी कंठे न सा गरलद्युतिः
मलयजरजों नेदं भस्म प्रियारहिते मयि
प्रहर न हरभ्रान्त्याऽनंग क्रुधा किमु धावसि।

क्षमा करो सुंदरि, कहता हूँ, फिर न करूँगा ऐसा
कहाँ छिपी हो, दर्शन तो दो; व्याकुल है मन कैसा!

केन्दुविल्व (गाँव) में पैदा होने वाले कवि जयदेव ने हरि के पश्चात्ताप हो इस प्रकार व्यक्त किया:

हे कामदेव, यह मेरी छाती पर साँप नहीं; यह तो मृणालहार है। गले से लिपटी हुई यह नीलकमल माला है, न कि विष-कान्ति। तन पर यह चन्दन का अनुलेप है, दग्ध मदन का भस्म नहीं। शिव समझकर नाहक ही मुझे अपना कोपभाजन न बनाना...इधर दौड़कर क्या पाओगे?

•

पाणौ मा कुरु चूतशावकममुं मा चापमारोपय
क्रीड़ानिर्जितविश्व मूर्च्छितजनाघातेन किं पौरुषं
तस्या एवं मृगीदृशों मनसिजप्रेक्षत्कटाक्षाशुग-
श्रेणीजर्जरित मनागपि मनो नाद्यापि संधुक्षते।
भ्रूपल्लवं धनुरपांगतरंगितानि
वाणा गुणः श्रवणपालिरिति स्मेरण
तस्यामनंगजयजंगमदेवताया
मस्त्रणि निर्जितजगन्ति किमर्पितानि
भ्रचापे निहितः कटाक्षविशिखो निर्मातु मर्मव्यथां
श्यामात्मा कुटिलः करोतु कवरीभारोऽपि मारोद्यमं
मोहं तावदपंच तन्वि तनुतां विम्बाधरो रागवान्
सद्वृत्तःस्तनमंडलस्तव कथं प्राणैर्मम क्रीड़ति।

हे कामदेव, आम के बौर को अपने धनुष पर मत चढ़ाओ! तुमने तो चुटकी बजाकर ही संसार को जीत लिया है, फिर घायल आदमी पर क्यों तीर चलाते हो? यह भी क्या कोई बहादुरी है! देख ही तो रहे हो, उस मृगनैनी (राधा) ने अपनी तिरछी चितवन से इस कलेजे को छलनी बना दिया है-अभी तक इसे होश नहीं हुआ है....।

मदन ने व्यर्थ ही उसे हथियार दिए, सब तो वहाँ मौजूद था ही। धनुष की जगह भौंहें थीं, तीर थे कटाक्ष; डोरी का काम कानों से लेती है... यों ही वह अनंग की जयलक्ष्मी बनी हुई है- हथियारों की कोई आवश्यकता न थी।

भ्रू-धनुष पर आरोपित कटाक्ष-तीर भले ही मर्मवेधन करे; काला-कलूटा केशकलाप भले ही जान लेने की कोशिश करे; रंगीले होंठ भले ही ठगें; परन्तु सुन्दरि, तुम्हारा यह गोलटोल और भला-भला सा स्तन-मंडल क्यों इन प्राणों से खिलवाड़ किए हुए है, यह समझ में नहीं आता!

•

तानि स्पर्शसुखानि ते च तरलाः स्निग्धा दृशोर्विभ्रमाः
तद्वक्त्राम्बुजसौरभं स च सुधास्पन्दी गिरां वक्रिमा
सा विम्बाधरमाधुरीति विषयासंगेऽपि चेन्मानसं
तस्यां लग्नसमाधि हन्त विरहव्याधिः कथं वर्धते।

तिर्यक्कंठविलोलमौलितरलोत्तंसस्य वंशेच्चरद्-
गीतिस्थानकृतावधानललनालक्षैर्न संलक्षिताः

सम्मुग्धं मधुसूदनस्य मधुरे राधामुखेन्दौ मृदु-
स्पन्दं कन्दलिताच्चिरं दधतु वः क्षेम कटाक्षोर्मयः।

इति श्री गीतगोविन्दमहाकव्ये मुग्धमधुसूदनों नाम
तृतीयः सर्गः

मेरा चित्त निरन्तर प्रियतमा के अनुचिन्तन में निमग्न है। स्पर्श-सुख की अनुभूति, स्निग्ध दृष्टि, मुखकमल को सौरभ, अमृतमयी वाणी, अधर की मिठास-फिर भी जाने क्यों इस अनुचिन्तन से ताप शान्त नहीं हो रहा? विरह-व्याधि बढ़ती ही जा रही है!

बाँसुरी बजाते समय गर्दन को ज़रा टेढ़ी करके कृष्ण ने राधा की ओर बार-बार देखा-तिरछी आँखों से; गोपियाँ बाँसुरी सुनने में मस्त थीं। राधा के मुखचन्द्र-सुधा पर पड़नेवाली कृष्ण की कटाक्ष-लहरियों पर उनका ध्यान नहीं गया-राधामुखचन्द्र-सुधा से कन्दलित कृष्ण की वे कटाक्ष-लहरियाँ आपका कल्याण करें!

●

यमुनातीरवानीरनिकुंजे मन्दमास्थितं
प्राह प्रेमभरोद्भ्रान्तं माधवं राधिकासखी

(कर्णाट राग-यति ताल)

निन्दति चन्दनमिन्दुकिरणमनुविन्दति खेदमधीरं
व्यालनिलयमिलनेन गरलमिव कलयति मलयसमीरं
सा विरहे तव दीना
माधव मनसिजविशिख मयादिव भावनयात्वयिलीना
अविरलनिपतित मदनशरादिव भवदवनायविशालं
स्वहृदयममणि वर्म करोति सजलनलिनीदलजालम्

कृष्ण युमना-किनारे कदम्बकुंज में पड़े थे कि इतने में राधा की सहेली आयी। प्रेम में पागल हरि से उसने कहा :

मेरी सखी तुम्हारे वियोग में बेचैन है। कामदेव के बाण घायल न करे दें, इस डर से वह अपने की तुम्हारी अनुचिन्तना में डुबाए रहती है। चन्दन का अनुलेप उसे पसन्द नहीं, चाँद की किरणें उसे जलाती हैं और दक्षिण समीर को तो वह विष ही समझती है।

तुम उसके हृदय में सदा विद्यमान रहते हो, वह नहीं चाहती कि कामदेव के तीर तुम्हें चोट पहुँचाएँ....अपने मर्म की रक्षा के लिए कमलपत्र को उसने ढाल बना लिया है।

कुसुमविशिखशरतल्पमनल्पविलासकलाकमनीयं
व्रतमिव तव परिरम्भसुखाय करोति कुसुमशयनीयं
वहति च वलितविलोचनजलधरमाननकमलमुदारं
विधुमिव विकटविधुन्तुददन्तदलनगलितामृतधारं
विलिखति रहसि कुरंगमदेन भवन्तमसमशरभूतं
प्रणमति मकरमधो विनिधाय करे च शरं नवचूतं
प्रतिपदमिदमपि निगदति माधव तव चरणे पतिताऽहं
त्वयि विमुखे मयि सपदि सुधानिधिरपि तनुते तनुदाहं
ध्यानलयेन पुरः परिकल्प्य भवन्तमतीव दुरापं
विलपति हसति विषीदति रोदिति चंचति मुंचति तापम्।

बहुत प्रकार की विलास-सामग्री से सुसज्जित पुष्प-शय्या साबित हो रही है। हरि द्वारा आलिंगन-सुख प्राप्त हो, इस आशा से वह मानो कोई कठिन व्रत कर रही है।

राधा का मनोरम मुखकमल आँसू से गीला रहता है। लगता है कि राहु ने अपने दाँतों से चन्द्रमंडल को क्षत-विक्षत कर डाला है और उससे अमृत स्रवित हो रहा है। वह निर्जन में कस्तूरी से कामदेव को चित्रित करती है-मगर पर बैठे कामदेव को; हाथ में बाण की जगह आम्रमंजरी अंकित करती है....फिर स्वयं ही उस चित्रित मदन को प्रणाम भी करती है।

रह-रहकर उसके मुँह से निकलता है कि माधव, मैं तुम्हारे चरणों पर आ पड़ी हूँ; तुम्हें छोड़कर चन्द्रमा भी मुझे नहीं सुहाता। तुम नहीं हो तो चाँद मुझे जलाए जा रहा है।

वह कल्पना में तुम्हें सामने खड़ा समझकर चिल्लाती है, हँसती है। दुखी होती है, गाती है, रोती है। निःश्वासें लेती है।

श्री जयदेवभणितमिदमधिकं यदि मनसा नटनीयं
हरिविरहाकुलवल्लवयुवतिसखीवचनं पठनीयं
आवासो विपिनायते प्रियसखी मालाऽपि जालायते
तापोऽपि श्वसितेन दावदहनज्वाला कलापायते
साऽपि त्वद्विरहेण हन्त हरिणीरूपायते हा कथं
कन्दर्पोऽपि यमायते विरचयन् शार्दूलविक्रीडितम्।

(देशाग राग-एकताली ताल)

स्तनविनिहितमपिहारमुदारं

सा मनुते कृशतनुरिव भारं
राधिका तव विरहे केशव

(श्रोताओं के प्रति) यदि इच्छा हो कि मन आनन्द से नाच उठे तो जयदेव-विरचित यह गीत गाओ (पढ़ो), इसमें विरहिणी राधा की आत्मा बोल रही है।

हे माधव ! मेरी सखी के लिए घर अभी जंगल है, माला फन्दा है, साँस उसके लिए दावानल की ज्वाला है। उस हरिणी के लिए कामदेव अभी कृतान्त बन गया है; उस बेचारी के साथ बाघ की तरह मौत का खेल खेल रहा है।

स्तनों पर पड़ा हुआ हार अभी उसे भार मालूम पड़ता है। केशव, सच कहती हूँ, तुम्हारे वियोग में ठंडी वस्तुओं से उसे जलन होती है।

●

सरसमसृणमपि मलयजपंकं
पश्यति विषमिव वपुषि सशंकं
श्वसितपवनमनुपमपरिणाहं
मदनदहनमिव वहति सदाहं
दिशि दिशि किरति सजलकणजालं
नयन नलिनमिव विरलित नालं
नयनविषयमपि किशलयतल्पं
गणपति विहितहुताशविकल्पं
त्यजति न पाणितलेन कपोलं
बालशशिनमिव सायमलोलं
हरिरिति हरिरिति जयति सकामं
विरहविहितमारणेव निकामम्।

अपने शरीर पर अनुलिप्त सरस मसृण चन्दन को विष समझकर वह आतंकित रहती है। श्वास-सुरभि कितनी दाहक प्रतीत होती है उसे!

जगह-जगह अश्रु-बिन्दु टपकाया करती है, मानो उसके लोचनकमल को किसी ने वृन्त से तोड़ लिया हो!

किसलय-शयन उसके लिए हवनकुंड की वह आग है, आहुतियाँ दे-देकर जिसे खूब प्रज्वलित कर दिया गया हो। हथेली पर गाल डाले बैठी रहती है, मानो बाल-चन्द्रमा को अपने हाथ पर ही रखे रहेगी।

लगता है, विरह के मारे अब उसने मर जाना तय कर लिया है....तभी तो हरि-हरि करती रहती है।

●

श्रीजयदेवभणितमिति गीतं
सुखयतु केशवपदमुपरीतं
सारोमांचति शीत्करोति विलपत्युत्कम्पतेताम्यति
ध्यायत्युद्भ्रमति प्रमीलति पतत्युद्याति मूर्च्छत्यपि
एतावत्यतनुज्वरे वरतनुर्जीवेन्न किन्ते रसात्
स्ववैंद्यप्रतिम प्रसीदसि यदि त्यक्तोऽन्यथा हस्तकः
स्मरातुरां दैवतवैद्यहृद्य
त्वदंगसंगामृतमात्रसाध्यां
विमुक्तवाधां कुरुषे न राधां
उपेंद्र व्रजादपिदारुणोऽसि।
कन्दर्पज्वरसंज्वातुरतनोराश्चर्यमस्याश्चिरं
चतश्चन्दनचन्द्रमः कमलिनीचिन्तासु सन्ताम्यति
किन्तु क्षान्तिरसेन शीतलतरं त्वामेकमेव प्रियं
ध्यायन्ती रहसि स्थिता कथमपि क्षीणा क्षणं प्रणिति।

जयदेव कवि का यह गीत आपको सुखी करे!

वह रह-रह कंटकित हो उठती है, सी-सी-सी करती है। कम्पन और विलाप....ध्यान और घुर्मी (चक्कर खाना)....जलन और मूर्च्छा-कामदेव ने मेरी सखी को जब ऐसा बेहोश कर दिया है तो हे धन्यन्तरि, अब तुम्हारी ही आशा है; तुम्हीं उसे जीवनदान दे सकते हो, नहीं तो गयी बेचारी....!

राधा के लिए तुम्हारा स्पर्श ही संजीवनी सुधा का काम करेगा, यह बात भली भाँति जानते हुए भी यदि तुमने उसे प्रकृतिस्थ नहीं किया तो यही कहूँगी कि तुम वज्र से भी कठोर हो!

काम-ज्वार से बेचारी का अंग-अंग भट्ठी बन रहा है। चन्दन, चन्द्रमा और कमल (शीतोपचार) की तो याद तक उसे जलाती है। इस स्थिति में भी किसी प्रकार जो वह जीवित है तो तुम्हारी स्मृति और प्रतिज्ञा का ही माहात्म्य है।

●

क्षणमपि विरहं पुरा न सेहे
नयननिमीलनखिन्नया यया ते
श्वसिति कथमसौ रसालशाखां
चिरविरहेण विलोक्य प्रष्पिताग्रां

दृष्टि व्याकुल गोकुलावनरसांदुद्धत्य गोवर्द्धनं
विभ्रद्वल्लवल्लभामिरधिकानन्दाच्चिरं चुम्बितः
दर्पेणैवतदर्यिताधरतटीसिन्दूरमुद्रांकितो
बाहुर्गोपतनोस्तनोतु भवतां श्रेयोसि कंसद्विषः।

इति श्री गीत गोविन्दमहाकव्ये स्निग्धमधुसूदनों नाम
चतुर्थः सर्गः

पलक मारते समय क्षण-भर का विरह भी जिसे सहन न था, आज वही राधिका चिरविरहिणी बनी हुई है, हाय! आम की मंजरित डालियाँ देखकर वह कैसे जिएगी?

इन्द्र कुपित हुआ, वर्षा में सारा गोकुल डूबने लगा। जोश आया तो कृष्ण ने गोवर्धन पहाड़ को अपनी बाँह पर उठा लिया। आनन्द के मारे गोपियों ने कृष्ण के बाहुमूल को बारम्बार चूमा, उनके ललाट का सिन्दूर तब जिस बाँह में लग गया, भगवान् की वह बाँह आपका कल्याण करे।

●

अहमिह निवसामि। याहि राधामनुनय मद्वचनेन चानयेथाः
इति मधुरिपुणा सखी नियुक्ता स्वयमिदमेत्य पुनर्जगाद राधां।

(देशी वराड़ी राग-रूपक ताल)

वहति मलयसमीरे मदनमुपनिधाय
स्फुटित कुसुमनिकरे विरहिहृदयदलनाय
सखि हे, सीदति तव विरहे वनमाली
दहति शिशिरमयूखे मरणमनुकरोति
पतति मदनविशिखे विलपति विकलतरोऽति
ध्वनति मधुपसमूहे श्रवणमपिदधाति
मनसि वलितविरहे निशि निशि रुजमुपयाति।

कृष्ण ने सखी से कहा-मैं यहीं कुंज में हूँ। तुम जाओ, राधा को मना लाओ।

सखी ने जाकर वृषभानुदुलारी से कहा-

प्यारी, तेरे वियोग में वनमाली बड़े खिन्न हैं। बहता हुआ मलय-समीर और खिले हुए फूल....वह बेचैन हैं। चाँद की किरणें उनके संताप को और बढ़ा रही हैं। कामदेव के तीरों से आहत होकर वह विलाप कर रहे हैं। भौरें गुनगुनाते हैं तो वह कान मूँद लेते हैं, विरह का ताप जैस-जैसे बढ़ता जाता है, वैसे-वैसे उनका रोग गहरा होता जाता है।

•

वसति विपिनविताने त्यजति ललितमपि धाम
लुठित धरणिशयने बहु विलपति तब नाम
भणति कवि जयदेवे हरिविरहविलसितेन
मनसि रभसविभवे हरिरुदयतु सुकृतेन।
पूर्वं यत्र समं त्वया रतिपतेरासादिताः सिद्धयः
तस्मिन्नेव निकुंजमन्मथमहातीर्थे पुनर्माधवः
ध्यायन् त्वामनिशं जपन्नपि तवैवालापमन्त्राक्षरं
भूयस्त्वतत्कुचकुम्भनिर्भरपरीरम्भामृतं वांछति।
(गुर्जरी राग-एकताली ताल)
रतिसुखसारे गतमभिसारे मदनमनोहरवेशं
न कुरु नितम्बिनि गमनम्विलम्बनमनुसर तं हृदयेशं
धीरसमीरे युमनातीरे वसति वने वनमाली
गोपीपीनपयोधरमर्दितचंचलकरयुगशाली।

सुन्दर सुसज्जित घर को छोड़कर जंगल में भटकता फिर रहा है; देखा कि लोटन कबूतर की भाँति छटपटा रहा है। मुँह से और कुछ नहीं, बस तेरा ही नाम निकलता है।

जयदेव कवि ने हरि-विरह को अपने गीत में व्यक्त किया-आपके मन में भगवान का उदय हो!

हे सखी, जिस निकुंज में कृष्ण ने तुम्हारे साथ अनेकों बार काम-साधना सिद्ध की है महातीर्थ में आज भी वह बेचैनी से तुम्हारी प्रतीक्षा कर रहे हैं। रात-दिन तुम्हारी स्मृति में मग्न, तुम्हारे बोल को मन्त्र की तरह जपते हुआ प्रतिपल वह उन्नत स्तनोंवाली तुम्हारी छाती से आलिंगित होने के स्वप्न देखा करते हैं।

अभिसार सम्भोग-सुखों का निचोड़ है। मुरलीमनोहर अभी तुम्हारा अभिसार कर रहे हैं। देखो, विलम्ब मत करो। उनका अनुगमन करो। यमुना का तीर, मृदु मन्द समीर। वनमाली वहीं हैं। गोपियों के माँसल स्तन मसलते समय उनके हाथ चंचल हो उठते हैं।

•

नामसमेतं कृतसंकेतं वादयते मृदुवेणुं
बहु भनुतेऽतनु ते तनुसंगतपवनचलितमपि रेणुं
पतति पतत्रे विचलितपत्रे शंकितभवदुपयानं
रचयति शयनं सचकितनयनं पश्यति तव पन्थानं
मुखरमधीरं त्यज मंजीरं रिपुमिव कलिषु लोलं

चल सखि कुंज सतिमिरपुंज शीलयनीलनिचोलं
उरसि मुरारेरू पहितहारे घन इव तरलवलाके
तड़िदिव पीते रति विपरीते राजसि सुकृतविपाके
विगलितवसनं परिहृतरसनं घटय जघनमपिधानं
किसलयशयनं पंकजनयने निधिनिव हर्षनिधानम्।

सुनो, वह बाँसुरी बजा रहा है-तुम्हारा नाम ले-लेकर; मिलने का इशारा भी है इस मुरली-ध्वनि में। हवा से उड़ाई हुई धूल को वह बहुत महत्त्व देता है, इसलिए कि शायद वह तुम्हारी देह छू आयी हो!

पक्षियों के छू जाने से पत्ते खड़खड़ा उठते हैं, इसलिए कृष्ण को तुम्हारे आने का सन्देह होता है। फूलों-पल्लवों से शय्या तैयार करके वह तेरी बाट जोहता है-चौंक-चौंककर।

नुपुर (पैंजनी) उतार डालो, इससे किण-किण की आवाज़ उठती है। सम्भोग की मूक घड़ियों में ये शत्रु का काम करेंगे। चलो सखि, कुंज की ओर जहाँ घुप्प-अन्हार होगा-नीली साड़ी और नीली चोली पहन लो।

साँवलिया बिहारी की छाती पर मोती के हार कैसे लगते हैं, जैसे बादल में उड़ते बुगलों की कतार! विपरीत रति में उसकी छाती पर जब तुम लेटी रहोगी तो बिजली-सी मालूम पड़ोगी।

पल्लवों के उस बिस्तरे पर, हे कमलनयने, नग्न हो जाना। करधनी भी निकाल डालना। जघन (कमर के नीचे का भाग) ऐसे समय बिल्कुल खुला रखना...वह आनन्द की निधि ही तो है।

●

हरिरभिमानी रजनिरिदानीमियमपि याति विरामं
कुरु मम वचनं सत्वररचनं पूरय मधुरिपुकामं
श्री जयदेव कृतहरिसेवे भणति परमरमणीयं
प्रमुदितहृदयं हरिमतिसदयं नमत सुकृकमनीयं
विकरित मुहुः श्वासानाशाः पुरो मुहुरीक्षते
प्रविशति मुहुः कुंजं गुंजन्मुहुर्बहु ताम्यति
रचयति मुहुः शय्यां पर्याकुलं मुहुरीक्षते
मदनकदनक्लान्तः कान्ते प्रियस्तव मुहुरीक्षते
त्वद्ध्याने न समं समग्रमधुना तिग्मांशुरस्तंगतो
गोविंदस्य मनोरथेन समं प्राप्तं तमः सान्द्रतां
कोकानां करुणस्वनेन सदृशी दीर्घा मदभ्यर्थना
तन्मुग्धे विफलं विलम्बनमसौ रम्योऽभिसारक्षणः।

इतना होते-होते रात्रिशेष हो रही होगी, प्यारी सखी, मेरी बात भूलना मत-उस समय अभिमानी हरि का मदनमनोरथ अवश्य पूर्ण होने देना। (ऐसा न हो कि वह कहें और तुम सन्तुष्ट न करो।)

हरिभक्त श्री जयदेव की रचना है यह, प्रसन्न हरि को तुम लोग (श्रोतागण) प्रणाम करो।

सखी, तुम्हारा प्राणवल्लभ आम्र-शर से विद्ध है। उसकी निःश्वास तो देखो! पल-भर भी उसे चैन नहीं है। कभी कुंज में, कभी बाहर, रह-रह उसका चेहरा फीका पड़ जाता है। किसलयों को फिर-फिर बटोरता और बिछाता है। व्याकुल होकर इधर-उधर देखता है।

सारा दिन उसका ध्यान तुम्हीं पर केन्द्रित रहा। अब तो सूर्य भी अस्त हो चला है। गोविन्द का मनोरथ जैसे चूर-चूर हो गया है, अन्धकार भी उसी तरह घना हो आया है। मैं तुम्हें बार-बार समझा रही हूँ, परन्तु मेरी यह अभ्यर्थना चकवा की आर्त्त पुकार की भाँति लम्बी होती जा रही है। भोली, अभिसार के योग्य यही तो समय है, क्यों देर कर रही हो?

●

आश्लेषादनु चुम्बनादनु नखोल्लेखादनु स्वान्तजा-
प्रोद्बोधादनु साभ्रमादनु रतारम्भादनु प्रीतयोः
अत्यार्थं गतयोः भ्रमान्मिलितयोः सम्भाषणैर्जनितोः
दम्पत्योरिह को न को न तमसि व्रीड़ाविमिश्रोरसः।
सभयचकितं विन्यस्यपन्तीं दृशौ तिमिरे पथि
प्रति तरु मुहुः स्थित्वा मन्दं पदानि वितन्वतीं
कथमपि रहः प्राप्तामंगैरनंग तरंगिभिः
सुमुखि सुभगं पश्यन् स त्वामुपैतु कृतार्थतां ।
राधामुग्धमुखारविंदमधुपस्त्रैलोक्यमौलिस्थली-
नेपथ्योचितनीलरत्नमवनीभारावतारान्तकः
स्वच्छन्दं व्रजसुंदरीजनमनस्तोषप्रदोषश्चिरं
कंसध्वंसनधूमकेतुखतु त्वां देवकीनन्दनः!

इति श्री गीतगोविन्दमहाकाव्ये साकांक्षपुण्डरीकाक्षो नाम

पञ्चमः सर्ग

पहले कई बार इसी प्रकार अँधेरी रात में तुम दोनों मिले हो। फिर आलिंगन, चुम्बन, उद्दीपन, सम्भोग द्वारा परस्पर परितृप्त हुए हो। घनघोर अन्धकार, और किसी काम

के लिए निकलना, पर अकस्मात् टकरा जाना, स्वर और स्पर्श आदि से एक-दूसरे को पहचान लेना और फिर.....लज्जा एवं आनन्द की वह कौन-सी रसोपलब्धि होगी जो तुम दोनों को न हुई होगी?

हे राधिके, कृष्ण तुम्हें पाकर कृतार्थ हों। अँधेरी राह में भीत-चकित निगाहों से इधर-उधर देखती जाओगी; दम लेने के लिए एक-एक पेड़ के तले रुकोगी, धीरे-धीरे पैर उठेंगे। धड़कते दिल से जैसे-जैसे वहाँ पहुँचोगी-नीरव निर्जन और अन्धकार में तुम्हें पाकर कन्हैया उछल पड़ेगा।

राधा के मुख-कमल का भ्रमर, त्रिभुवन के ललाट को शोभित करनेवाले नीलमणि, धरती के भार को उतारने वाले, ब्रजसुन्दरी-गण-सन्तोषदाता, कंसध्वंसकारी, देवकीनन्दन, आपकी रक्षा करें।

●

अथ तां गन्तुमशक्ता चिरमनुरक्तां लतागृहे दृष्ट्वा
तच्चरित गोविन्दे मनसिजमन्दे सखी प्राह-
(गोंडकिरी राग-रूपक ताल)
पश्यसि दिशि दिशि रहसि भवन्तं
त्वदधरमधुरमधूनि पिवन्तं
नाथ हरे, सीदति राधा वासगृहे
त्वदभिसरणभसेन वलन्ती
पतिति पदानिकियन्ति चलन्ती
विहितविशदविसकिशलयवलया
जीवति परमिह तव रतिकलया
महुखलोकितमंडललीला
मधुरिपुरहमिति भावनशीला।

सखी ने देखा कि कुंज में बैठी ही रही जाएगी, संकोच और शालीनता के कारण स्वयं उठकर कृष्ण के निकट नहीं जाएगी। तब उसने हरि से जाकर कहा:

राधा कुंजगृह में तुम्हारी प्रतीक्षा कर रही है। नज़र उठाकर देखने पर चारों ओर वह तुम्हें ही देखती है। उसे ऐसा अनुभव होता है कि तुम उसके होंठ चूस रहे हो। तुम्हारे अभिसार में उत्साहित होकर वह चलती है, परन्तु पैर लड़खड़ाते हैं, दो कदम चलती है और गिर पड़ती है। कलाईयों में कंगन की जगह धवल मृणाल और नवल पल्लव धारण कर रखे हैं, वह भावी समागम की आशा से जीवित है। तुम्हारी तरह वस्त्र-आभूषण पहनकर हमारी प्यारी सखी कभी-कभी बड़बड़ा उठती है-"मैं ही तो मुरलीधर-मनोहर हूँ।"

त्वरितमुपैति न कथमभिसारं
हरिरिति वदति सखीमनुवारं
श्लिष्यति चुम्बति जलधरकल्पं
हरिरूपगत इति तिमिरमनल्पं
भवति विलम्बिति विगलितलज्जा
विलपति रोदिति वासकसज्जा।
श्री जयदेवकवेरिदमुदितं
विपुलपुलकपालिं स्फीतशीत्कारमन्त-
र्जनितजड़िमकाकुव्याकुलं व्याहरन्ती
तव कितव विधायामन्दकन्द र्पचिन्तां
रसजलधिनिमग्ना ध्यानलग्ना मृगाक्षी।

वह बार-बार सभी से पूछती है कि हरि शीघ्र क्यों नहीं आते हैं यहाँ? मेघवर्ण अन्धकार को ही कृष्ण समझकर उसे राधा फिर चूमती है, आलिंगित करती है।

तुम जितनी ही देर कर रहे हो उतनी ही लज्जारहित होकर वह रोती-कलपती है...वस्त्र और आभूषण से सुसज्जित होकर प्रिय सखी तुम्हारा इन्तज़ार कर रही है...।

जयदेव कवि की यह रचना रसिकों को आनन्दित करे!

हे धूर्त, तुम्हारी अनुचिन्तना में मेरी सखी राधिका का कैसा हाल है, चलकर देखो तो! रह-रह रोंगटे खड़े हो जाते हैं, अकस्मात् ठंड का दौर आता है तो सी-सी-सी कर उठती है-सोचते-सोचते अन्त में वह तुम्हारे रसमय ध्यान में तल्लीन हो जाती है।

आंगेष्वाभरणं करोति बहुशः पत्रेऽपि संचारिणि
प्राप्तं त्वां परिशंकते वितनुते शय्यां चिरं ध्यायति
इत्याकल्पविकल्पतल्पपरचनासंकल्पलीलाशत
व्यासक्ताऽपि त्वया विना वरतनुर्नैषा निषां नेष्यति।
किं विश्राम्यसि कृष्णभोगिभवने भांडीरभूमीरुहि
भ्रातर्यासि न दृष्टिगोचरमितः सानन्दनन्दास्पदं
राधाया वचनं तदध्वगमुखान्नदान्तिके गोपतो
गोविन्दस्य जयन्ति सायमतिथि प्राश्स्त्यगर्भा गिरः।

इति श्री गीतिगोविन्द महाकाव्ये वासकसज्जावर्णने धृष्टवैकुंठो नाम
पष्ठः सर्गः

एक भी पत्ता खड़खड़ाता है तो वह अपने आभरणों को सँभालने लगती है कि प्राणवल्लभ आ गया....शय्या ठीक करती है और गम्भीर हो उठती है। इस प्रकार गहने उतारना, फिर पहन लेना....पल्लवों का विस्तार समेट लेना और फिर उसे बिछा देना-नाना प्रकार के संकल्प-विकल्पों में मगन रहने पर भी राधा तुम्हारे बिना यह रात नहीं काट सकेंगी।

बटोही भैया, इस वृक्ष के नीचे क्यों टिके हो? यहाँ काला साँप (करैत) रहता है। आगे क्या नन्द का घर नहीं देख रहे हो? वहीं चले जाओ न! इस तरह बटोही के मुँह से सुनी हुई राधा की बात का आशय छिपानेवाले कृष्ण की वाणी! तुम्हारी जय हो !

●

अत्रान्तरे च कुलटाकुलवर्त्मपात
संजातपातक इव स्फुटलांछनश्रीः
वृंदावनान्तरमदीपयदंशुजालैः
दिकसुन्दरीवदनचन्दनविन्दुरिन्दुः।

प्रसरति शशधरबिम्बे विहितविलम्बे च माधवे विधुरा
विरचितविविधविलापं सा परितापं चकारेच्चैः।

(मालव राग-यति ताल)

कथितमसमयेऽपि हरिरहह न ययौ वनं
मम विफलमिदमपि रूपयौवनं
यामि हे कमिह शरणं सखीजनवचनंचिता
यदनुगमनाय निशि गहनमपि शीलितं
तेन मम हृदयमिदमसमशरकीलितम्।

कि इतने में चन्द्रोदय हुआ। उससे वृंदावन का कोना-कोना उद्भासित हो उठा। चाँद ऐसा लगता था मानो दिशा-सुन्दरियों के ललाट पर किसी ने चन्दन का टीका लगा दिया है। कुल-वधुओं को अपनी परम्परा से डिगाने के कारण चन्द्रमा ने जो पाप किया था, काला निशान उसी का प्रतीक था।

चन्द्रमंडल आकाश में ऊपर उठा, फिर भी कृष्ण नहीं आये, तब राधा परिताप से छटपटाकर बकने लगीः

समय और स्थान की सूचना देकर भी हरि नहीं आये...आग लगे मेरी जवानी में! सखियों ने मुझे धोखा दिया। अब मैं किसकी शरण जाऊँ? जिसका अनुगमन

करने के लिए रात को मैं जंगल में भटकती फिरी, उसी ने मेरे हृदय को छिन्न-भिन्न कर डाला।

●

मम मरणमेववरमतिवितथकेतना
किमित विषहामि विरहानलमचेतना
मामहह विधुरयति मधुरमधुयामिनी
काऽपि हरिमनुभवति कृतसुकृतकामिनी
अहह कलयामि वलयादिमणिभूषणं
हरिविरहदहनवहनेन बहुदूषणं
कुसुमसुकुमारतनुमतनुरलीलया
स्रगपि हृदि हन्ति मामतिविषमशीलया
अहमिह निवसामि न गणितवनवेतसा
स्मरति मधुसूदनो मामपि न चेतसा।
हरिचरणशरणजयदेवकविभारती
वसतु हृदि युवतिरिव कोमलकलावती।

बेकार है यह वयस, बेकार है देह; अचेतन हूँ, फिर क्यों विरहाग्नि का ताप सहूँ? वसन्त की यह मादक रात्रि मुझे बेचैन कर रही है; होगी वह कोई सौभाग्यवती ही जो कि इन घड़ियों में हरि के सहवास का आनन्द लूट रही होगी....!

ये कंगन, कर्णफूल, करधनी और पैंजनी-प्राणवल्लभ के अभाव में सब मुझे असह्य लगते हैं; भूषण नहीं ये तो दूषण हैं! कुसुम जैसी कोमल मेरी देह को यह माला तीर की तरह चुभ रही है....।

जंगली झाड़ियों की परवाह नहीं, मैं यहाँ आ गई हूँ! परन्तु कैसा निठुर है मधुसूदन ! उसे मेरी याद तक न रही!

हरिभक्त जयदेव कवि की वाणी लोगों के हृदय में वास करे-कोमल और कलामयी तरुणी की तरह!

●

तत्किं कामपि कामिनीमभिसृतः किंवा कलाकेलिभिः
बद्धो बन्धुभिरंधकारिणी वनाभ्यर्णे किमुद्भ्राम्यति
कान्तः क्लान्तमना मनागपि पथि प्रस्थातुमेवाक्षमः
संकेतीकृतमंजुवंजुललताकुंजेऽपि यन्नागतः।
अथागतां माधवमन्तरेण

सखीमियं वीक्ष्य विषादमूकां
विशंकमाना रमितं कयाऽपि
जनार्दनं दृष्टवदेतादाह।

(वसन्तराग-यति ताल)

स्मरसमरोचितविरचितवेशा
गलितकुसुमदलविलुलितकेशा
कापि मधुरिपुणा विलसिति युवतिरधिकगुणा।

मेरे प्राणवल्लभ मिलने के लिए संकेत का समय और स्थान सूचित करके भी नहीं आये! नहीं जानती, क्या हुआ रास्ते में! या तो किसी तरुणी के अभिसार में निकल गए होंगे, या बन्धुओं ने खेलों में उलझा लिया होगा। यह भी हो सकता है कि राह न पाकर जंगल में भटक रहे होंगे!

फिर राधिका ने देखा : विषाद-भरी सखी अकेली और चुपचाप आ रही है। निश्चय ही हरि दूसरी युवती के साथ भोग-विलास कर रहे हैं—वृषभानुनन्दिनी को सन्देह हुआ....और मानो हरि को दूसरी गोपी के साथ रमण करते स्वयं उसने देखा है। इस प्रकार कहने लगी :

मुझसे अधिक सौभाग्यशाली कोई तरुणी कृष्ण के साथ केलि कर रही है। उसका वेश तो देखो-मदन-युद्ध के उपयुक्त ही सज-धजकर आयी है। जूड़े में गुँथे फूल बिखर गये हैं, कबरी ढीली पड़ गयी है।

●

हरि परिरम्भणवलितविकारा
कुचकलसोपरि तरलितहारा
विचलदलक ललिताननचन्द्रा
तदधरपानरभसकृततन्द्रा
चंचलकुंडलललितकपोला
मुधरितरशनजघनगतिलोला
दयितविलोकितलज्जितहसिता
बहुविधकूजिततिरसरसिता
विपुलपुलकपृथुवेपथुभंगा
श्वसितनिमीलितविकसदनंगा
श्रमजलकणभरसुभगशरीरा
परिपतितोरसि रतिरणधीरा

श्री जयदेवभणितहरिरमितं
कलिकलुषं जनयतु परिशमितम्।

लक्षणों से स्पष्ट है कि कसकर हरि ने इसका आलिंगन किया है, स्तन-कलशों पर मोती का हार फिसल रहा है....चंचल लटों ने मुखचन्द्र को और अधिक आकर्षक बना दिया है। कृष्ण ने बार-बार अधरपान किए हैं, इसी से इसके चेहरे पर एक प्रकार की मादकता छाई है। हिलते कुंडलों ने गालों का सौन्दर्य बढ़ा दिया है...करधनी से 'किण-किण' की आवाज आ रही है। कटि से नीचे का प्रदेश स्थिर नहीं है। प्रेमी की ओर देखकर शरमाती, सकुचाती और हँसती जाती है। सम्भोग-सुख से परितृप्त होकर तरह-तरह के सन्तोषसूचक उद्‌गार मुँह से निकल रहे हैं....पुलक, रोमांच और कम्पन, श्वास-प्रश्वास....अनंग ('योनि' की ओर संकेत है) सिकुड़ रहा है और फूल रहा है...पसीने की छोटी-छोटी बूँदें कितनी अच्छी लग रही हैं! थककर प्रियतम की छाती पर ढेर हो रही है- कामदेव के अखाड़े में खूब कुश्ती लड़ी है....। जयदेव कवि ने इस तरह हरि की रति-लीला का बखान किया-वह आपके कलि-कलुष को ध्वंस करे।

●

विरह पांडुमुरारिमुखाम्बुज
द्युतिरयं तिरयन्नपि वेदनां
विधुरतीव तनोति मनोभवः
सुहृदये हृदये मदनव्यथाम्

(गुर्जरी राग-एकताली ताल)

समुदितमदने रमणीवदने चुम्बनवलिताधरे
मृगमदतिलकं लिखति सपुलकं मुगमिव रजनीकरे
रमते यमुनापुलिनवने विजयी मुरारिरधुना
घनचयरुचिरे रचयति चिकुरे तरलिततरुणानने
कुरुवककुसमं चपलासुषमं रतिपतिमृगकानने
घटपति सुघने कुचयुगगगने मृगमदरुचिरूषिते
मणिसरममलं तारकपटलं नखपदशशिभूषिते।

चन्द्र अस्त होने जा रहा है। अभिशप्त जनों की वेदना वह दूर करता है, मानती हूँ; परन्तु मेरी वेदना तो इससे बढ़ ही गयी है। अस्तोन्मुख विधु की क्षीण आभा देखकर मुझे व्याकुल हरि का फीका चेहरा याद आ रहा है।

यमुना के किनारे उस सौभाग्यवती गोपी के साथ कृष्ण आनन्द मना रहा

है। चूम-चूमकर अपनी प्रेयसी के मुखमंडल को प्रफुल्लित बना डाला है उसने... .और तब उन गालों पर कस्तूरी-रस से वह लता-पत्र आदि के चित्र अंकित कर रहा है-मानो चन्द्रमंडल में हरिण आँक रहा हो! बादल जैसे स्निग्ध सुन्दर और काले बालों में कुरबुक के फूल गूँथ रहा है। तरुणी का स्तनयुगल कस्तूरीरसलिप्त होकर आकाश जैसा दीखता है। नख के निशान मानो बंकिम चन्द्र हों....हरि उन पर मोती की लड़ें डालता है-चन्द्र तारा सहित आकाश जैसा वह वक्ष कितना मनोरम लगता है!

●

जितविसशकले मृदुभुजयुगले करतलनलिनीदले
मरकतवलयं मधुकरनिचयं वितरति हिमशीतले
रतिगृहजघने विपुलापघने मनसिजकनकासने
मणिमयरशनं तोरणहसनं विकिरति कृतवासने
चरणकिशलये कमलानिलये नखमणिगणपूजिते
बहिरपवरणं यावकभरणं जनयति हृति योजिते
रमयति सुदृशं कामपि सुदृशं खलहलधरसोदरे
किमफलमवसं चिरमिह विरसं वद सखि विटपोदरे
इह रसभणने कृतहरिगुने मधुरिपुपदसेवके
कलियुगचरितं न वसतु दुरितं कविनृपजयदेवके।

मृदुल मृणाल-सी बाँहे, कमल जैसे हाथ....हरि ने उनमें मरकतमणि खचित वलय डाल दिए हैं। कमरवाला भाग रति का घर होता है, कामदेव का स्वर्णिम सिंहासन....कृष्ण ने वहाँ मणिमयी मेखला पहना दी है-मदन भवन का मानो मेहराव हो वह ! पल्लवों की भाँति सुन्दर और कोमल चरणतल....नख रत्नों की तरह जगमगा रहे हैं; प्रेमी कृष्ण उन पैरों में अपने हाथ से महावर लगा रहा है....।

देखो सखि, कृष्ण भी कैसा धूर्त है ! आखिर बलदेव का भाई ठहरा न! निकला मेरे लिए और उलझ गया किसी दूसरी के साथ-व्यर्थ ही मैंने उसकी आशा में इतने दिन बिताए....।

कविराज जयदेव ने हरि की लीला का यों गान किया-इससे आपका पाप दूर हो।

●

नाऽऽयातः सखि निर्दयो यदि शठस्त्वं दूति किं दूयसे
स्वच्छन्दं बहुवल्लभः स रमते किं तत्र ते दूषणं

पश्याद् प्रियसंगमाय दयितस्याकृष्यमाणं गुणैः।
उत्कंठार्तिभरादिव स्फुटदिदं चेतः स्वयं यास्यति।

(देशबराड़ी राग-रूपक ताल)
अनिलतरलकुवलयनयनेन
तपति न सा किशलयशयनेन
सखि वा रमिता तनमालिना
विकसितसरसिज ललितमुखेन
स्फुटित न सा मनसिज विशिखेन।

सखि, वह शठ यदि नहीं आया तो तू नाहक ही क्यों दुखी होती है? वह स्वच्छन्द है, बहुतेरी हैं जो उसके लिए जान देती हैं, इससे तेरा क्या आता-जाता है? आज देख तो तमाशा, स्वयं ही यह हृदय अब उसके पास पहुँच जाएगा-उत्कंठा की अति हो गयी, अब यह फटने ही वाला है।

कृष्ण की आँखें नीलकमल-सी तरल हैं, पल्लवों के बिस्तर पर उसके साथ रँगरेलियाँ मचाने वाली वह तरुणी भला क्यों दुखी रहेगी? धन्य है वह स्त्री, कि जिसके साथ वनमाली इस प्रकार रम गया है। विकसित कमल जैसा मनोहर मुँह वाला यदुनन्दन, तुम्हें पा जाने पर कामदेव का तीर किसी के हृदय को कैसे बेधेगा।

●

अमृतमधुर मृदुतरवचनेन
ज्वलति न सा मलयजपवनेन
स्थलजलरुहरुचिकरचरणेन
लुठति न सा हिमकरकिरणेन
सजलजलदसमुदयरुचिरेण
कनकनिकषरुचि शुचिवसनेन
श्वसिति न सा परिजनसहनेन
सकलभुवनजनवरतरुणेन
वहति न सा रुजमतिकरुणेन।
श्री जयदेवभणितवचनेन
प्रविशतु हरिपि हृदयमनेन।

जिसके कानों में मुरारि की अमृतमयी वाणी पड़ रही हो, यह मलयानिल उसे जला नहीं सकता।

थलकमल-से कोमल और सुन्दर कर-चरण किसके लिए सुलभ हो गये हैं, उसके लिए चाँद की किरणें सन्तापदायिनी हो नहीं सकतीं।

सजल मेघों का मधुर स्पर्श-सुख जो पा गयी है, विरहानल की ज्वाला उसका भला क्या बिगाड़ लेगी?

पीताम्बर कृष्ण का सम्पर्क जिसे मिल गया है, स्वजन-परिजन के परिहास की उसे क्या परवाह?

दुनिया-भर में सर्वश्रेष्ठ तरुण जिस पर रीझ गया है, उसका सारा रोग, सारी पीड़ा नष्ट ही समझो!

कवि जयदेव के कथन से हरि तुम्हारे हृदय में प्रवेश करें। (पाठकों के प्रति)

●

मनोभवानन्दचन्द्रनानिल
प्रसीद रे दक्षिण मुंच वामतां
क्षणं जगत्प्राण विधाय माधवं
पुरो मम प्राणहरो भविष्यासि।
रिपुरिव सखीसंवासोऽयं शिखीय हिमानिलो
विषमिव सुधारश्मिर्यस्मिन दुनोति मनोगते
हृदयमदये तस्मिन्नेवं पुनर्बलयते बलात्
कुवलयदृशां वामः कामो निकामनिरंकुशः
वाधां विधेहि मलयानिल पंचवाण
प्राणान् गृहाण न गृहं पुनराश्रयिष्ये
किं ते कृतान्तभगिनि क्षमया तरंगै
रंगानि सिंच मम शाम्यतु देहदाहः।

मदन को आनन्दित करने वाले मलयानिल, मुझ पर तनिक अनुकम्पा करो; क्षण-भर के लिए कृष्ण की झलक दिखा दो, फिर प्राण भले ही ले लेना।

सखियों के साथ रहना नहीं सुहाता, ठंडी हवा आग जैसी लगती है। चन्द्रकिरण तो बिलकुल जहर-सी मालूम होती है। जिस हरि के कारण हृदय की यह दशा है, ध्यान फिर-फिर उसी पर जाता है! काम भी कैसा उच्छृंखल होता है!

हे मलयानिल, जो जी में आये कर डालो; हे कामदेव, तुम भी अपने पाँचों तीर चलाकर मेरी जान ले लो-घर तो मैं लौटकर जाती नहीं! यमुना, तू यमराज की सगी बहन है; अपनी तरंगों से सदा के लिए मेरी जलन बुझा डाल!

●

प्रातर्नीलनिचोलमच्युतमुरः सम्वीतपीतांशुकं
राधायाश्चकितं विलोक्य हसति स्वैरं सखीमंडले
ब्रीडाचंचलमंचलं नयनयोराधाय नन्दात्मजः।

इति श्रीगीतगोविन्द महाकाव्ये विप्रलब्धावर्णने नागरनारायणो नाम
सप्तमः सर्गः

एक बार प्रातःकाल (रात भर साथ रहने के बाद) नीली चोली पहनकर कृष्ण निकले और पीताम्बर ओढ़कर राधा निकली। यह देखकर सखियाँ भभाकर हँसने लगीं। कृष्ण ने चंचल और शर्माली निगाहों से बार-बार राधा की ओर देखा....स्मितमुख नन्दकिशोर आपको आनन्दित करें!

●

अथ कथमपि यामिनीं विनीयं
स्मरशरजर्जरिताऽपि सा प्रभाते
अनुनयवचनं वदन्तमग्रे
प्रणतमपि प्रियमाह साम्यसूयः

(भैरवी राग-यति ताल)

रजनिजनितगुरुजागरारागकषायितमलसनिमेषं
वहति नयनमुनरागमिव स्फुटमुदितरसाभिनिवेशं
हरि हरि याहि माधव याहि मा वद कैतववादं
तामनुसर सरसीरुहलोचन या तव हरति विषादं
कज्जलमलिनविलोचनचुम्बनविरचितनीलिमरूपं
दशनवसनमरुणं तव कृष्ण तनोति तनोरनुरूपं।

रात बिताकर हरि अब सामने हाज़िर था। अपने अपराधों के लिए बारम्बार क्षमा माँग रहा था। राधा यद्यपि कामाग्नि से विकल थी, उसके मनोरथ खंडित हो चुके थे; फिर भी उसने कृष्ण से ईर्ष्यापूर्वक यह बात कहीः

जाओ माधव, जाओ! यहाँ क्या है तुम्हारा? क्यों झूठ-मूठ को गिड़गिड़ाते हो? हे कमलनेत्र, तुम उसी के पास लौट जाओ जो तुम्हारी ग्लानि मिटाया करती है; यहाँ रहकर क्या करोगे? रात-भर तुम जागे हो, तुम्हारी यह कड़वी और लाल आँखें और बोझिल पलकें कुछ और ही बता रही हैं; लाख छिपाओ, यह तो तुम्हारी सारी पोल खोल रही हैं। होंठ काले पड़ गये हैं- किसी ने कजरारी आँखों से अवश्य ही इन्हें चूम लिया है...पहले देह-भर काली थी, अब तो तुम्हारे गुलाबी होंठ भी स्याह

हो रहे हैं...चलो, यह खूब हुआ!

●

वपुरनुहरति तव स्मरसंगरखरनखरक्षतरेखं
मरकतशकलकलितकलधौतलिपेरिव रतिजयलेखं
चरणकमलगलदलक्तकसिक्तमिदं तव हृदयमुदारं
दर्शयतीव वहिर्मदनद्रुमनवकिशलयपरिवारं
दशनपदं भवदधरगतं मम जनयति चेतसि खेदं
कथयति कथमधुनाऽपि मया सहतव वपुरेतदभेदं
बहिरिव मलिनतंर तब कृष्ण मनोऽपि भविष्यति नूनं
कथमथ वंचयसे जनमनुगतमसमशरज्वरदूनं
भ्रमति भवानलाकवलाय वनेषु किमत्र विचित्रं
प्रश्यति पूतनिकैव वधूवधनिर्दयवालचरित्रं।

नील-मणि पर स्वर्णलिपि की तरह तुम्हारी श्याम देह पर कामिनी के ये नखचिह्न ऐसे लग रहे हैं जैसे कि विजयी मदन के अभिलेख हों। तुम्हारे वक्षस्थल पर प्रेमिका के महावर-रँगे पैर की छाप है-नहीं, यह हृदयस्थित मदन-तरु का कोमल-अरुण किसलय है जो बाहर भी दिखाई दे रहा है; दाँत-कटे तुम्हारे ये होंठ मुझे व्यथित कर रहे हैं; ठीक ही तो है, हम-तुम 'एक प्राण दो देह' ही तो ठहरे-तभी तो तुम्हारे क्षत अधर की पीड़ा मुझे हो रही है! निश्चय ही तुम्हारा दिल भी काला होगा; नहीं तो एक संतप्त प्राणी को भला तुम ठगते ही क्यों? समझ गयी, अबलाओं की हत्या के लिए ही जंगल में घूम-फिर रहे हो; बेचारी पूतना को, सुनती हूँ, तुमने मार डाला....स्त्रियों के प्रति तुम्हारे क्या भाव हैं, अब सभी को यह मालूम हो गया है।

●

श्री जयदेवभणितरतिवंचितखंडितयुवतिविलापं
शृणुत सुधामधुरं विवुधा विवुधालयतोऽपि दुरापं।
तवेदं पश्यन्त्या : प्रसरदनुरागं बहिरिव
प्रियापादालक्तच्छुरितमरुणच्छायहृदयं
ममाद्य प्रख्यातिप्रणयभरभंगेन कितव
त्वदालोकः शोकादपि किमपि लज्जां जनयति।
अंतर्मोहनमौलिघूर्णनचलन्मन्दारविस्रंसन-

स्तब्धाकार्षणदृष्टिहर्षणमहामंत्रः कुरंगीदृशां
दृप्यद्दानवदूयमानदिविषद्दुर्वारदुःखापदां
भ्रंशः कंसरिपोर्व्यपोहर्तुस वः श्रेयांसि वंशीरवः।

इति श्रीगीतगोविन्द महाकाव्ये खंडितावर्णने विलक्षलक्ष्मीपतिर्नाम
अष्टमः सर्गः

(वंचित राधा के मर्मवेधी विलाप को जयदेव कवि ने इस प्रकार अपनी वाणी द्वारा व्यक्त किया....सहृदय श्रोता इसका आस्वादन करें, स्वर्ग में भी ऐसी अमृतमय वस्तु नहीं मिलेगी)

बड़े छलिया हो अजी तुम! उचित था कि इस समय तुम्हें देखते ही मुझे खेद या शोक होता...परन्तु नहीं, मैं लज्जा ही अनुभव कर रहीं हूँ।

(कृष्ण की मुरली-ध्वनि तुम्हारा कल्याण करे; मृगनैनी तरुणियों को मोहित करने का महामन्त्र है वह....उसकी आवाज़ सुनते ही गोपियों का हृदय बेबस और बेचैन हो उठता है, झूमने लगती हैं वे....कानों में लगे पारिजात पुष्प चू पड़ते हैं....विवेक-शक्ति खो जाती हैं। मुरली की उस ध्वनि की दूसरी विशेषता यह है कि कान में उसके पड़ते ही दृप्त दानव निपीड़ित देवगण अपनी विजय के प्रति आशापूर्ण हो उठते हैं....ऐसे मुरली-ध्वनि श्रोताओं का कल्याण करे!)

●

तामय मन्मथखिन्नां रतिरसभिन्नां विषादसम्पन्नां
अनुचिन्तितहरिचरितां कलहान्तरितामुवाच रहः सखी

(रामकिरी राग-यति ताल)

हरिरभिसरित वहति मृदुपवने
किमपरमधिकसुखं सखि भवने
माधवे मा कुरु गानिनि मानमये
ताफलादपि गुरुमतिसरसं
किम विफलीकुरुषे कुचकलसं
कति न कथितमिदमनुपदचिरं
मा परिहर हरिमतिशयरुचिरं
किमिति विषीदसि रोदिषि विकला
विहसति युवतिसभा तव सकला।

कामातुर, रतिसुख-वंचित, चिन्ताकुल राधिका से एक सखी ने एकान्त में कहा-प्यार,

अभी मान का समय नहीं है। हरि स्वयं यहाँ आ पहुँचे हैं....मृदु समीर हल्के झोंके अंग-अंग को पुलकित कर रहे हैं, इस समय मुँह मत फुलाओ....ताड़-फल जैसे अपने कठिन-उन्नत स्तनों को बेकार मत होने दो। बार-बार मैं समझा रही हूँ, ऐसे भुवनमोहन प्राणवल्लभ को नाराज़ न करो! वाह! तुम तो बस आँसू ही बहाए जा रही हो; तुम्हारी इस नादानी पर सहेलियाँ हँस रही हैं।

●

सजलनलिनदलशीलितशयने
हरिमवलोकय सफलय नयने
जनयसि मनसि किमिति गुरुखेदं
शृणु मम वचनमनीहितभेदं
हरिरुपयातु वदतु बहु मधुरं
किमिति करोषि हृदयमति विधुरं
श्रीजयदेव भणितमतिललितं
सुखयतु रसिकजनं हरिचरितं
स्निग्धे यत्परुषाऽसि यत् प्रणमति स्तब्धाऽसि यद्रागिणि
द्वेषस्थाऽसि यदुन्मुखे विमुखतां याताऽसि तस्मिन् प्रिये
तद् युक्तं विपरीतकारिणि तब श्रीखंडचर्चाविषं
शीतांशुस्तपनो हिमं हुतवहः क्रीड़ामुदो यातनाः।

सजल कमलों का मृदु मनोरम बिछावन बिछा है, उत्सुक प्रियतम प्रतीक्षा कर रहे हैं-जाओ, अपनी आँखों को जुड़ाओ। बीती बातों को लेकर कलेजा कुरेदने से लाभ ही क्या है? लली, मान जा मेरा कहा-आज मुरलीमनोहर तेरे अंग-अंग को पुलकित कर देगा, देखना।

(श्री जयदेवकवि-कथित यह हरिचरित रसिक जनों को सुखी करे!)

आज प्राणवल्लभ स्निग्ध है तो तुम रूखी हो गयी हो, वह विनम्र हैं तो तुम तन गयी हो, वह अनुरक्त हो उठा है, परन्तु तुम्हारा हृदय द्वेष से धधक रहा है....उधर उत्कंठा तो इधर किनाराकशी! ठीक है बहन, ठीक है। जब वह विमुख था तो तुम्हारे लिए भी यही उलटबाँसी थी....शीतल चन्द्रमा सूर्य बन गया था, बर्फ बन गयी थी आग....खेल के सामान काटने दौड़ते थे....।

●

सान्द्रानन्दपुरन्दरादिदिविषद्वन्दैरमन्दादरा
दानभ्रैर्मुकुटेन्द्रनीलमणिभिः सन्दर्शितेन्दीवरं

स्वच्छदं मकरन्दसुन्दरगलन्मन्दाकिनीमेदुरं
श्रीगोविन्दपदारविन्दमशुभस्कन्दाय वन्दामहे।
इति श्रीगतिगोविन्दमहाकव्ये कलहान्तरितावर्णने मुग्धमुकुन्दो नाम
नवमः सर्गः

इन्द्रादि देवगण असीम आनन्द और सम्भ्रमपूर्वक जब अपना मस्तक झुकाते हैं तब उनके मुकुट-स्थित नीलमणि जिन पर पड़कर भ्रमर-जैसे मालूम देते हैं और अनन्त प्रवाहमयी मन्दाकिनी जिन्हें प्रतिपल स्निग्ध एवं सजीव बनाए रहती हैं, श्रीकृष्ण के उन चरण-कमलों की हम वंदना कर लें....हमारा अशुभ दूर हो।

●

अत्रान्तरे मसृणरोषवशामसीम-
निःश्वासनिःसहमुखीं सुमुखीमुपेत्य
सव्रीडमीक्षितसखीवदनां प्रदोषे
सानन्दगद्गदपदं हरिरित्युवाच।
(देशवराड़ी राग-अष्ट ताल)
वदसि यदि किंचिदपि दन्तरुचिकौमुदी
हरति दरतिमिरमतिघोरं
स्फुरदधरसीधवे तव वदनचन्द्रमा
रोचयति लोचनचकोरं
प्रिये चारुशीले मुंच मयि मानमनिदानं
सपदि मदनानलो दहति मम मानसं
देहि मुखकमलमधुपानं
सत्यमेवासि यदि सुदति मयि कोपिनी
देहि खरनयनशरघातं।

इतने में सन्ध्या हो गयी। रुष्ट राधिका को प्रसन्न करने की इच्छा से हरि निकट आये। वह संकोचपूर्वक सखी की ओर ताक रही थी। कृष्ण ने कहा—

मान छोड़ दो, प्यारी! अजी, कुछ तो बोलो....तुम्हारे दाँतों की अनूठी झलक घने अन्धकार का कलेजा फाड़ दे। तुम्हारा मुखचन्द्र मेरे नयन-चकोरों को अधर-सुधा पीने के लिए बुला रहा है....।

मदनलाल हृदय को जलाए जा रहा है, सुमुखि, इसे शीतल करो। यदि सचमुच ही नाराज़ हो तो अपने नाखूनों से मुझे घायल कर डालो।

●

घटय भुजबन्धनं जनय रदखंडनं
येन वा भवति सुखजातं
त्वमसि मम भूषणं त्वमसि मम जीवनं
त्वमसि मम भवजलधिरत्नं
भवतु भवतीहमयि सततमनुरोधिनी
तत्र मम हृदयमतियत्नं
नील नलिनाभमपि तन्वि तव लोचनं
धारयति कोकनदरूपं
कुसुमशरवाणभावेन यदि रंजयसि
कृष्णमिदमेतदनुरूपं
स्फुरतु कुचकुंभयोरुपि मणिमंजरी
रंजयतु तब हृदयदेशं
रसतु रशनाऽपि तब घनजघनमंडले
घोषयतु मन्मथनिदेशं।

बन्दी बना लो मुझे अपने बाहुपाश में आबद्ध करके; लो, ये रहे होंठ, दचक डालो दाँतों से इन्हें-सम्भवतः इसी से तुम्हारा जी भरे। मेरा परिधान, मेरे आभूषण, मेरा जीवन....तुम्हें यदि अपना सर्वस्व कहूँ तो अतिशयोक्ति न समझना इसे। मेरी आन्तरिक अभिलाषा है कि तुम इस दास पर सदा अनुरक्त रहो....नील कमल-सदृश तुम्हारे ये नेत्र लाल-लाल क्यों हो रहे हैं? अरविन्द कामदेव का अन्यतम तीर है, अपनी काली आँख से अभी यदि वही काम तुम्हें लेना हो तो ठीक है।

तुम्हारे स्तन-कलशों पर मोती का हार शोभित हो....इससे वक्षःस्थल और अधिक आकर्षक लगेगा। कमर में करधनी देखना चाहता हूँ-उसकी मधुर ध्वनि मन्मथ के शासन की घोषणा करे।

●

स्थलकमलगंजनं मम हृदयरंजनं
जनितरतिरंगपरभागं
तव मसृणवाणि करवाणि चरणद्वयं
सरसलसदलक्तकरागं
स्मरगरलखंडनं मम शिरसि मंडनं
देहि पदमल्लवमुदारं
जलति मयि दारुणो मदनकदनानलो
हरतु तदुपाहितविकारं

इति चटुलचाटुपटुचारु मुखैरिणा
राधिकामधि वचनजातं
जयतिपद्मावतीरमणजयदेवकवि
भारतीभणितमतिशातं।

आदेश दो रानी, कि अविलम्ब तुम्हारे इन मनोरम चरण-तलों को महावर से रंग डालूँ-मंजूभाषिणी, यह मदन के बहुत बड़े सहायक हैं।

पल्लव-जैसे मृदु-लोहित अपने पैर मेरे मस्तक पर रक्खो कि काम-विष शान्त हो, कि दग्ध हृदय शीतल हो....रुठी राधिका से कही गयी मधुसूदन की ये चटोरी बातें पद्मावती-पति कवि जयदेव द्वारा गाने योग्य छन्द में बाँध दी गयी हैं-इनकी जय हो!

●

परिहर कृतातंके शंकां त्वया सततं धन-
स्तनजघनयाऽऽकान्ते स्वान्ते परानवकाशिनि
विशति वितनोरन्यो न कोऽपि ममान्तरं
प्रणयिनि परीरंभारंभे विधेहि विधेयतां।
मुग्धे विधेहि मयि निर्दयदन्तदंश-
दोर्वल्लिवन्धनिविडस्तनपीड़तानि
चंडि त्वमेव मुदमंच न पंचवाण-
चांडालकांडदलनादसवः प्रयान्तु।
शशिमुखि तव भाति भंगुरभ्रू-
र्युवजनमोहकरालकालसर्पी
तदुदितभयभंजनाय यूनां
त्वदधरसीधुसुधैव सिद्धमंत्रः।

मेरे मन-प्राण में तुम छाई हुई हो-केवल तुम्हीं। यहाँ किसी अन्य तरुणी के लिए स्थान ही कहाँ है ? हाँ, अनंग है एक भाग्यवान जो इस अन्तरतर में कभी-कभी घुस आता है....प्रेममयि आलिंगन करके मुझे कृतार्थ करो!

मुग्धे, जितनी चाहे सज़ा दो....दाँतों से इन होंठों को क्षत-विक्षत कर डालो....बाहुपाश में कसकर आबद्ध कर लो....कठोर स्तनों से चाँप लो निठुरतापूर्वक मुझे; जैसे भी हो तुम खुश हो लो-कामदेव के तीर से आहत होकर मरना अभीष्ट नहीं....हाँ तुम चाहो तो मार दो।

चन्द्रमुखी, टेढ़ी-मेढ़ी-सी तुम्हारी ये भौंहें तरुणों को नागिन-सी मालूम

पड़ती हैं....इस नागिन का डर दूर करने का बस एक ही उपाय है कि तुम्हारा अधरामृत मिल जाय।

●

व्यथयति वृथा मौनं तन्वि प्रंपचय पंचमं
तरुणि मधुरालपैस्तापं विनोदय दृष्टिभिः
सुमुखि विमुखीभावं तावद्विमुंच न मुंच मां
स्वयमतिशयस्निग्धो मुग्धे प्रियोऽयमुस्थितः।
बंधूकद्युतिबान्धवोऽयमधरः स्निग्धौ मधूकच्छविः
गंडे चंडि चकास्ति नीलनलिनश्रीमोचनं लोचनं
नासाऽभ्येति तिलप्रसूनपदवीं कुन्दाभदन्ति प्रिये
प्रायस्त्वन्मुखसेवया विजयते विश्वं स पुष्पायुधः।
दृशौ तव मदालसे वदनमिन्दुसन्दीपनं
गतिर्जनमनोरमा विजतिरम्भमूरुद्वयं
रतिस्तव कलावती रुचिरचित्रलेखे भ्रुवौ
अहो विवुधयौवनं वहसि तन्वि पृथ्वीगता।

तुम्हारा मौन मुझे व्यथित कर रहा है, तुम तो कोकिल-कंठी ठहरी। अपने मृदु मधुर आलाप और स्निग्ध दृष्टि से मुझमें जीवन का संचार करो-मुँह फेरकर यों मत बैठो....आज तेरे चरणों पर मैं स्वयं समर्पण बनकर झुक आया हूँ।

पंचवाण को भला और क्या चाहिए? तुम्हारा मुँह काफी है, इसी से वह सारा संसार जीत लेगा....महुआ-फूल जैसे सरस-स्निग्ध गाल, गुलाब-से होंठ, नील कमल-सी आँखें, तिल के फूल जैसी नाक, दाँत कुन्द सदृश....तुम्हारा चेहरा विश्वविजयी मदन के लिए अमोघ अस्त्र है।

हो तो तुम भूतल पर, मगर लक्षण सारे सुर-सुन्दरी के हैं....अलस मदिर नयन, इन्दु-सा मुख, मनोरम चाल, जाँघ ऐसी कि केले के थंभ शरमा जाएँ, रति (सम्भोग-स्थान-योनि से मतलब है) कलामय, भौहें चित्रलेखा-सी....अप्सरा की कौन-सी विशेषता नहीं है तुममें?

●

प्रीतिं वस्तनुतां हरिः कुवलयापीडेन सार्घं रणे
राधापीनपयोधरस्मरणकृत्कुम्भेन संभेदवान्
यत्र स्विद्यति मीलति क्षणमथ क्षिप्ते द्विपे तत्क्षणात्
कंसस्यासमभूज्जितं जितमिति व्यामोहकोलाहलः।

इति श्रीगीतगोविन्दमहाकाव्ये मुग्धमाधवो नाम
दशमः सर्गः

'कुवलयापीड़' कंस का हाथी था। उसने कुवलयापीड़ को भेजा कि कृष्ण को कुचल आओ। कृष्ण ने उसका कुंभस्थल (चौड़ा मस्तक) छुआ तो उन्हें राधा के माँसल-कठिन स्तन याद हो आये। इस स्मृति से उन्हें पसीना आ गया और आँखें झिपने लगीं....फिर कुवलयापीड़ को हरि ने पछाड़ दिया। 'जीत गये, जीत गये'-जन-रव हुआ तो कंस को व्यथा हुई और सर्व-साधारण को खुशी....वह मदनमोहन भगवान् आपकी रक्षा करें!

●

सुचिरमनुपेन प्रीणयित्वा मृगाक्षी
गतवति कृतवेशे केशवे कुंजशय्यां
रचितरुचिरभूषां दृष्टिमोषे प्रदोषे
स्फुरित निरवसादां काऽपि राधां जगाद।

(वसन्त राग-यति ताल)
विरचित चाटुवचनरचनं चरणे रचितप्रणिपातं
सम्प्रति मंजुलवंजुलसीमनि केलिशयनमनुयातं
मुग्धे मधुमथनमनुगतमनुसर राधिके!
घनजघनस्तनभारभरे दरमन्थरचरणविहारं
मुखरितमणिमंजीरमुपैहि विधेहि मरालनिकारं
शृणु रमणीयतरं तरुणीजनमोहनमधुरिपुरावं
कुसुशरासनशासनवन्दिनि पिकनिकरे भज भावं।

बहुत अननय-विनय करके हरि ने प्रियतमा को मना लिया। तब आप जाकर पल्लवों के बिस्तरे पर लेट गये। सान्ध्य अन्धकार के उन क्षणों में किसी सखी ने प्रमुदित राधिका से कहा :

प्रिय सखी, मदनमोहन अभी तुम्हारे हाथ में है, उसकी आशा पूरी करो। तुम्हें मनाने में एक भी मीठे शब्द को नहीं छोड़ा उसने....यहाँ तक कि पैरों पर गिर पड़ा। और, अब कुंज-कुटी के भीतर जाकर तुम्हारी प्रतीक्षा में बैठा है; जाओ उसका परिताप शान्त करो।

पीत-उन्नत स्तनोंवाली राधे, मृदु-मंथर गति से कुंज-भवन के भीतर जाओ; तुम्हारी पैंजनियों के मणि मुखरित हो उठें, जिन्हें सुनकर तरुणियाँ मोहित हो जाती

हैं, मुरारी के वे शब्द सुनकर अपने कानों को सफल करो। कोकिल कामदेव की महिमा गा रहे हैं, उनका मतलब तुम्हें समझना चाहिए।

●

अनिलतरलकिसलयनिकरेण करेण लतानिकुरम्बं
प्रेरणमिव करभोरु करोति गतिं प्रति मुंच विलम्बं
स्फुरितमनंगतरंगवशादिवसूचितहरिपरिरम्भं
पृच्छ मनोहरहारविमलजल धारममुं कुचकुम्भं
अधिगतमखिलसखीभिरिदं तव वपुरपि रतिरणसज्जं
चंडि रणितरथनिाखडिंडिममभिसर सरसमलज्ज
स्मरशरसुभगनखेन करेण सखीमवलम्ब्य सलीलं
चलवलयक्वणितैखरोधय हरिमपि निजगतिशीलं
श्रीजयदेवभणितमधरीकृतहारमुदासितवामं
हरिविनिहितमनसामधितिष्ठतु कंठतटीमविरामं
सा मां द्रक्ष्यति वक्ष्यति स्मरकथां प्रत्यंगमलिंगनैः
प्रीतिं यास्यति रंस्यते सखि समागत्येति संचिन्तयन्
स त्वाम्पश्यति वेपते पुलकयत्यानंदति स्विद्यति
प्रत्युद्गच्छति मूर्च्छति स्थिरतमः पुंजे निकुंजे प्रियः।

अनिल-चलित लताएँ भी तुम्हें मान-भंजन का संकेत कर रही हैं, देर क्यों करती हो? इन बातों पर विश्वास न हो तो अपने स्तन-कलशों से ही पूछ लो न, वह बतला देंगे। जलधार की भाँति निर्मल और उन्मद मदन द्वारा तरंगित तुम्हारे ये स्तन हरि का आलिंगन चाहते हैं....सखियों ने सारा भेद मालूम कर लिया है-तुम्हारा अंग-अंग मदन-युद्ध के लिए फड़क रहा है, शरमाने की क्या जरूरत है? मुखरित करधनी ज़ोर-ज़ोर से समर की घोषणा कर रही है। पाँचों अँगुलियों के तुम्हारे नाखून काम के पाँच तीर हैं, कंगन नगाड़े का काम देंगे...चलो, कृष्ण पर चढ़ाई कर दो।

(जयदेव कवि की यह सूक्ति कंठहार से भी अधिक सुन्दर है, रमणी से भी अधिक मनोरम है-यह सदैव सज्जनों के गले का आभूषण बनी रहे।)

निर्जन और तमसावृत्त कुंज में, राधे, हरि तुम्हारी प्रतीक्षा बड़ी बेचैनी से कर रहा है....वह सोच रहा होगा-प्रियतमा मुझे जब देखेगी तो एक-एक अंग का आलिंगन करेगी....हम असीम आनन्द का उपभोग करेंगे...अब क्षण-भर का विलम्ब न करो-कम्पन, रोमांच, स्वेद, मूर्च्छा....क्या नहीं हो रहा है उसे, बड़ा ही बुरा हाल है उसका।

●

अक्ष्णोर्निक्षिपदंजनं श्रवणयोस्तापिंछगुच्छावलीं
मूर्ध्नि श्यामसरोजदाम कुचयोः कस्तूरिकापत्रकं
धूर्तानामभिसारसत्वरहृदां विष्वङ निकुंजे सखि
ध्वान्तं नीलनिचोलचारु सुदृशां प्रत्यंगमालिंगति।
काशमीरगौरवपुषामभिसारिकाणा
माबद्धरेखमभितो रुचिमंजरीभिः
एतत्तमालदलनीलतमं तमिस्त्रं
तत्प्रेमहेमनिकषोपलतां तनोति
हारावलीतरलकांचनकांचिदाम
मंजीरकंकणमणिद्युतिदीपितस्य
द्वारे निकंजनिलयस्य हरिं विलोक्य
ब्रीड़ावतीमथ सखीमियमित्युवाच

आँखों में अंजन है, कानों में तमाल-पत्र के गुच्छे। सिर पर नील-कमलों की माला लपेट रखी है। स्तन कस्तूरी-रस से चित्रित हैं, नीली साड़ी और चोली भी नीली-चतुर अभिसारिकाओं का एक भी अंग नहीं बचा जिसे अन्धकार ने आलिंगित न किया हो!

कुंकुम का अनुलेप समूची देह में है, गोराई चौगुनी बढ़ गयी है। अभिसारिकाओं की सुनहली शरीर-कांति से भास्वर होकर काला अन्धकार कसौटी जैसा लगता है-ऐसी कसौटी कि जिस पर सोने की परख के निशान पड़े हों।

मोती के हार, सोने की मेखला (करधनी), पैंजनियों के मणि....कुंजकुटी का द्वार जगमगा उठा। वहाँ हरि को उपस्थित देख राधा लजा गयी। तब सखी न कहा :

●

(देशवराड़ी राग-रूपक ताल)

मंजुतरकुंजतलकेलिसदने
प्रविश राधे माधवसमीपमिह
विलस रतिरभसहसितवदने
नवभवदशोकदलशयनसारे
प्रविश राधे माधवसमीपमिह
विलस कुचकलशतरलहारे
कुसुमचयरचितशुचिवासगेहे
प्रविश राधे माधवसमीपमिह।
विलस कुसुमकुमारदेहे

चल मलयपवनसुरभिशीते
प्रविश राधे माधवसमीपमिह।
विलस रतिवलितललितगीते

राधे, अन्दर जाओ माधव के पास....कुंज का यह केलि-भवन कितना सुन्दर है! आनन्द करो, सम्भोग-सुख से तुम्हारा चेहरा चमक उठे।

अशोक के नए पल्लवों का मुलायम बिछावन है, तुम्हारी छाती धड़क रही होगी..हार हिल रहे हैं....जाओ प्यारी, अन्दर जाओ!

तुम फूल से भी अधिक कोमल हो, कुंज-भवन भी फूलों से भरा है....जाओ लली, अन्दर, प्रियतम के निकट।

शीतल सुरभित मृदु मन्द समीर चल रहा है, अनुराग से मुखरित तुम्हारा अन्तरतर संगीतमय हो रहा होगा....जाओ राधे, अन्दर माधव के पास।

●

विततबहुवल्लिनपल्लवधने
प्रविश राधे माधवसमीपमिह।
विलस चिरमिलितपीनजघने
मधुमुदितमधुपकुलकलितरावे
प्रविश राधे माधवसमीपमिह।
विलस मदनरसरसभावे
मधुतरपिकनिकरनिनदमुखरे
प्रविश राधे माधवसमीपमिह।
विलस दशनरुचिरुचिरशिखरे
विहितपद्मावतीसुखसमाजे
कुरु मुरारे मंगलशतानि
भणित जयदेवकविराजराजे।
त्वां चितेन चिरं वहन्नयमतिश्रान्तोःभृशं तापितः
कन्दर्पेण च पातुमिच्छति सुधासम्बाधविम्बाधरं
अस्यांकं तदलंकुरु क्षणमिह भ्रूक्षेपलक्ष्मीलव-
क्रीते दास इवोपसेवितपदाम्भोजे कुतः सम्भ्रमः

तुम्हारा निम्न कटि-भाग मादक और माँसल है, जाओ, राधे अन्दर! आनन्द करो कृष्ण के साथ....!

मदन देवता ने तुम्हारे चित्त को सरस कर रखा है-केलि-भवन मकरन्द लोभी भ्रमरों से मुखरित है। क्यों करती हो देर? जाओ सखी अन्दर....!

मोती जैसे दाँतो की स्वच्छ आभा से तुम्हारा मुँह उद्भासित हो रहा है.... कोयल की 'कहू-कहू' ने वातावरण को मर्मवेधी बना दिया है, जाओ प्यारी, अपने प्रियतम के पास....!

(पद्मावती-पति कवि जयदेव कहते हैं- हे माधव, सब का कल्याण करो!)

तुम्हारा अनुचिन्तन करते-करते हरि का मन श्रान्त हो गया है। कामदेव ने अपनी ज्वालाओं से उसे सन्तप्त कर दिया है....तुम्हारे अमृतमय होंठ ही अब उसे शान्त कर सकते हैं, अरे जाकर क्षण-भर तो बेचारे की गोद में बैठो....बाँकी भौंहों और तिरछी चितवनों से तुमने उसे अपना गुलाम बना लिया है; फिर भी विश्वास नहीं होता?

●

सा ससाध्वससानदन्दं गोविन्दे लोललोचना
शिंजानमंजुमंजीरं प्रविवेश निवेशनं।

(बुराड़ी राग-रूपक ताल)

राधावदनविलोकनविकसितविधिकारविभंगं
जलनिधिमिव विधुमंडलदर्शनतरलिततुंगरंगं
हरिमेकरसं चिरमभिलषितविलासं
सा ददर्श गुरुहर्षवशंवदवदनमनंगविकाशं
हारममलतरतारमुरसि दधतं परिलम्ब्य विदूरं
स्फुटतरफेनकदम्बकरम्बितमिव यमुनाजलपूरं
श्यामलमृदुलकलेवरमंडलमधिगतगौरदुकूलं
नीलनलिनमिव पीतपरागपटलभरवलयितमूलं
तरलदृगंचलचलनमनोहरवदनजनितरतिरागं
स्फुटकमलोदरखेलितखंजनयुगमिव शरदि तडागं
वदनकमलपरिशीलनमिलितमिहिरसमंकुडलशोभं
स्मितरुचिरुचिरसमुल्लसिताधरपल्लवकृतरतिलोभं

तब गोविन्द की ओर तिरछी निगाह से राधा ने देखा, प्रसन्न मन से कुंज-भवन के भीतर गयी। पैंजनियों से 'रुनझुन-रुनझुन' आवाज़ आ रही थी।

वहाँ उसने आतुर हरि को देखा।

राधा को देखते ही उसका मुखचन्द्र विकसित हो उठा, प्रसन्नता की रेखाएँ होठों पर उभर आयी। पूर्णिमा को चन्द्रमा का अवलोकन करके समुद्र पागल हो उठता है, वही हाल था कृष्ण का।

श्यामल वक्ष पर हार शोभित थे मानो युमना के पानी पर झाग हों....साँवलिया

बिहारी ने उस समय पीली शॉल डाल रखी थी कन्धो पर....पीले पराग से भूषित नील-कमल का भ्रम होता था।

मदनमोहन की तरल आँखें बड़ी भली लग रही थीं-शरद् ऋतु का नीला आसमान....परसाई से नीला तालाब....खिले हुए कमलों पर खेलने वाला खंजनों का जोड़ा! कुंडलों के बहाने कानों में दो बाल-रवि लटका रखे थे कि इनसे मुखकमल सदैव विकसित रहेगा....मुस्कान से उद्दीपित अधर रति रानी के लिए भी प्रलोभन था।

●

शशिकिरणच्छुरितोदरजलधरसुन्दरकुसुम केशं
तिमिरोदितविधुमंडलनिर्मलमलयजतिलकनिवेशं
विपुलपुलकभरदन्तुरितं रतिकेलिकथाभिरधीरं
मणिगणकिरणसमूहसमुज्जवलभूषणसुभगशरीरं
श्रीजयदेवभणितविभवद्विगुणीकृतभूषणभारं
प्रणमत हृदि विनिधाय हरिं सुचिरं सुकृतोदयसारं।

अतिक्रम्यापांगं श्रवणपथपर्यन्तगमन-
प्रयासेनैवाक्ष्णोस्तरलतरतारं पतितयोः
तदानीं राधायाः प्रियतमसमालोकसमये
पपात स्वेदाम्बुःप्रसर इव हर्षाश्रुनिकरः

भजन्थास्तल्पान्तं कृतकपटकंडूतिपिहित-
स्मितं याते गेहाद्बहिरवहितालीपरिजने
प्रियास्यं पश्यन्त्याः स्मरशरसमाकूतसुभगं
सलज्जा लज्जाऽपि व्यगमदतिदूरं मृगदृशः

फूलों से सजी जुल्फें हैं या चन्द्रकिरणों से युक्त, बादल-निश्चय करना कठिन था। ललाट पर टीका था जो खूब ही फब रहा था। काम-केलि के लिए अंग-अंग अधीर हो रहा था, रोमांच का अन्त नहीं....आभूषण के मणि जगमगा रहे थे।

(जयदेव की कविता से हरि के अलंकारों की शोभा दुगुनी हो गयी है....ध्यानस्थ होकर भगवान को प्रणाम करो!)

प्रियतम पर दृष्टि पड़ते ही राधा के हर्ष से आँसू निकले-नहीं, नेत्र अपने सीमान्त पार कर कानों तक जा पहुँचे, इसमें चंचल पुतलियों को कड़ी मेहनत करनी पड़ी-ऐसी कि पसीना आ गया!

श्रीमती वृषभानुदुलारी प्राणवल्लभ के बिछावन के बिल्कुल निकट जा पहुँचीं

तो सखियाँ बाहर निकल गयीं-कनपटी नहीं खुजलाने लगतीं तो हँसी को छिपाना असम्भव होता। मृगनैनी ने फिर प्रियतम की ओर देखा तो लज्जा दूर हुई।

●

जयश्रीविन्यस्तैर्महित इव मन्दारकुसुमैः
स्वयं सिन्दूरेण द्विपरणमुदा मुद्रित इव
भुजाऽऽपीड़क्रीड़ाहतकुवलयापीड़करिणः
प्रकीर्णासृग्विन्दुर्जयति भुजदंडो मुरजितः।

इति श्रीगीतवगविन्दमहाकाव्ये अभिसारिकावर्णने सानन्दगोविन्दो नाम
एकादशः सर्गः

(हरि के आरक्त विशाल बाहु की जय हो....कुवलयापीड़ को जब पछाड़ दिया था तब उसके खून की कुछ बूँदे छिटककर इन बाँहों पर आ पड़ी थीं....ऐसा भी हो सकता है कि उस पागल हाथी से कुश्ती लड़ने जाते समय प्रथानुसार स्वयं ही बाँहों में सिन्दूर मल लिया हो....या विजयी होने पर जयश्री ने मंदार के रंगीले फूल इन पर बिखेर दिए हों...!)

●

गतवति सखीवृन्दे मन्दत्रपाभरनिर्भर-
स्मरशरवशाकूतस्फीतस्मितस्नापिताधरां
सरसमन संदृष्ट्वा राधां मुहुर्नवपल्लव-
प्रसवशयने निक्षिप्ताक्षीमुवाच हरिः प्रियां।

(विलास राग-एकताली ताल)

किशलयशयनतले कुरु कामिनि चरणलिनविनिवेशं
तव पदपल्लववैरि पराभवमिदमनुभवतु सुवेशं
क्षणमधुना नारायणमनुगतमनुभज राधिके
करकमलेन करोमि चरणमहमागमिताऽसि विदूरं
क्षणमुपकुरु शयनोपरि मामिव नूपुरमनुगतिशूरं
वदनसुधानिधिगलितममृतमिव रचय वचनमनुकूलं
विरहमिवाऽपनयामि पयोधररोधकमुरसि दुकूलं
प्रियपरिरम्भणरभसवलितमिव पुलाकिमतिदुरवापं
मदुरसि कुचकलसं विनिवेशं शोषय मनसिजतापं।

सखियाँ बाहर चली गयीं। शरमीली राधा का मुखमंडल भाववेश से अनुरंजित हो

उठा। होंठों पर मुस्कुराहट खेल रही थी। आँखें पल्लवशय्या में अटक रही थीं। प्रियतमा की यह स्थिति देखकर मुरली-मनोहर ने कहा :

क्षण-भर के लिए मुझ पर कृपा करो....प्यारी, इस बिछावन पर अपने चरण-कमल रखो। पल्लवों की लाली और नरमी का घमंड चूर-चूर कर दो। दूर से चलकर आयी हो, लाओ, इन पैरों को चाँपूँ-नूपुरों की भाँति मुझे भी अपने चरणों का दास समझना।

तुम्हारा मुँह सुधानिधि चन्द्रमा है, बोलोगी तो निश्चय ही अमृत चुएगा....यह लो, छाती पर से ओढ़नी हटा देता हूँ-स्तन क्यों ढँके रहेंगे? आओ प्रिये, मेरे सीने से इन्हें सटा लो...जलन को शान्त करने का और दूसरा उपाय ही क्या है!

●

अधरसुधारसमुपनय भामिनि जीवय मृतमिव दासं
त्वयि विनिहितमनसं विरहानलदग्धवपुषमविलासं
शशिमुखि मुखरय मणिरशनागुणमनुगुणकंठनिनादं
श्रुतिपुटयुगले पिकरुतविकले शमय चिरादवसादं
मामति विफलरुषा विकलीकृतमवलोकितमधुनेदं
मीलति लज्जितमिव नयनं तव विरम विसृज रतिखेदं
श्रीजयदेवभणितमिदमनुपदनिगदितमधुरिपुमोदं।
जनयतु रसिकजनेषु मनोरमरतिरसभावविनोदं
प्रत्यूहः पुलकांकुरेण निवडिश्लेषे निमेषेण च
क्रीडाकूतविलोकनेऽधरसुधापाने कथानर्मभिः
आनन्दाधिगमेन, मन्मथकलायुद्धेऽपि यस्मिन्नभू
दुद्भूतः स तयोर्बभूव सुरतारम्भः प्रियम्भावुकः।

जाने कब से बेसुध पड़ा है, इन होंठो को चूस लोगी तो मेरी रग-रग में नयी चेतना प्रवाहित होने लगेगी...इस दास का दग्ध हृदय रात-दिन तुम्हारी अनुचिन्ता में निमग्न रहता है। अपनी करधनी की मधुर ध्वनि से इन प्यासे कानों को परितृप्त कर दो। बिना कारण तुम नाराज हो गयी थीं, मेरी बेचैनी की भी क्या कोई हद थी? इसी से अभी तुम्हारी शरमीली आँखें झिप रहीं....आओ, कामकेलि आरम्भ करें।

(मुरारि की प्रसन्नता का यह गीत जयदेव कवि ने अपने शब्दों में गुम्फित किया है....इससे रसिकों का मनोविनोद हो!)

अब दोनों का चिर-समीहित सम्भोग-सुख आरम्भ हुआ। रोमांच ने आलिंगन में विघ्न पैदा किया; पलकों ने विलोकन में बाधा पहुँचाई, चुम्बन में बातचीत ने।

मैथुन में आनन्द क्षण की शीघ्र प्राप्ति उन्हें अच्छी न लगी....परन्तु यह सब आखिर उनको खूब पसन्द आया।

●

दोर्भ्यां संयमितः पयोधरभरेणाऽऽपीड़ितः पाणिजै-
राविद्धो दशनैः क्षताधरपुटः श्रोणीतटेनाहतः
कान्तः कामपि तृप्तिमाप तदहो कामस्य वामा गतिः
मारांके रतिकेलसंकुलकथारम्भे तया साहस-
प्रायं कान्तजयाय किंचिदुपरि प्रारम्भि यत्सम्भ्रमात्
निष्पन्दा जघनस्थली शिथिलिता दौर्वल्लिरुत्कम्पतं
वक्षो मीलितमक्षि पौरुषरसः स्त्रीणां कुतः सिद्धयति
मीलदृष्टि मिलत्कपोलपुलकः शीत्कारधारावशाद्-
अव्यक्ताऽऽकुलकेलिकाकुविलसद्दन्तांशुधौताधरं
श्वासोन्नद्धपयोधरोपरिपरिष्वंगी कुरंगीदृशो
हर्षोत्कर्ष विमुक्तिनिः सहतनोर्धन्यो धत्याननम्।

राधा ने कृष्ण से अच्छा बदला लिया! बाँहों मे ज़ोर से कस लिया। कठोर स्तनों से देर तक दाबे रही। नखों से छत-विक्षत कर दिया। दाँतों से होंठ काठ लिए। कमर से करारी चोट दी। हाथों से पकड़कर जुल्फें खीचीं....और कितने आश्चर्य की बात है कि गोपीरमण इससे बहुत ही प्रसन्न हुए! कामदेव की लीला अपरम्पार है....!

आरम्भ से वृषभानुदुलारी से साहस किया। उसे पूर्ण विश्वास था कि मदन-युद्ध में मधुसूदन को अवश्य पछाड़ देगी....परन्तु कुछ ही देर बाद उसकी कमर अचल हो गई, बाँहे ढीली पड़ गयी, सीना धड़कने लगा, आँखें मुँद गयीं....ठीक तो है, मर्दों का सामना औरतें भला कब तक करेंगी।

मुँदी आँखें। पुलकित कपोल। सम्भोग के अन्तिम क्षणों में अनुकूल पीड़ा से लगातार सी-सी करते रहने पर कुछ खुला मुँह-दन्तप्रभादीप्त मृगलोचना का मुखमंडल ऐसा हो रहा था उस समय। दम फूलने से स्तनों का परिवेश भी घट-बढ़ रहा था। उन पर चिपटे पड़े कृष्ण अतृप्त होकर प्राणवल्लभा का अधरपान कर रहे थे.... मदनमोहन, तुम धन्य हो!

●

तस्याः पाटलपाणिजांकितमुरो निद्राकषाये दृशौ
निधौतोऽधरशोणिमा विलुलिताः स्रस्तस्रतो मूर्द्धजाः
कांचीदाम दरश्लथांचलमिति प्रातर्निखातैदृशौः

एभिः कामशरैस्तदद्भुतमभूत् पत्युर्मनः कीलितं
व्यालोलः केशपाशस्तरलितमलकैः स्वेदलोलौं कपोलौ
स्पष्टा दष्टाधरश्रीः कुचकलसरुचा हारिता हारयष्टिः
कांची कांचिद् गताशां स्तनजघनपदं पाणिनाऽऽच्छाय सद्यः
पश्यन्ती सत्रपं मां तदपि विलुलितस्रग्धरेयं धिनोति
इति मनसा निगदन्तं सुरतान्ते सा नितान्तखिन्नांगी
राधा जगाद सादरमिदमानन्देन गोविन्दम्।

(रामकिरी राग-यति ताल)

कुरु यदुनन्दन चन्दनशिशिरतोरेण करेण पयोधरे
मृगमदपत्रकमत्र मनोभवमंगलकलससहोदरे
निजगाद सा यदुनन्दने क्रीडति हृदयानन्दने

लाल नखों से चिह्नित छाती। अन्निद्र आँखें। फीके होंठ। बिखरे बाल। ढीली-ढीली साड़ी....राधा को इस मुद्रा में पाकर हरि के नेत्र घायल हो गये-हृदय छटपटाने लगा (क्या बात है! घायल हुई आँखें, तड़पा दिल!)।

शिथिल कवरी....खली लटें....तर गाल....कट होंठ....निष्प्रभ स्तन....खिसकी मेखला....नग्न होने के कारण छाती और नाभि की निचली जगह को हाथों से ढँक लिया गया है- कितनी आकर्षक है प्रियतमा की यह भूमिका!

सम्भोग के पश्चात् मन-ही-मन कृष्ण यही सब सोच रहे थे कि राधा ने कहा-स्तन पर कस्तूरी-रस से लता-पत्र अंकित थे वे पुँछ गये हैं। अपने मृदु-शीतल हाथों से तुम इन पर फिर चित्र बना दो।

●

अलिकुलगंजनसंजनकं रतिनायकशायकमोचने
त्वदधरचुम्बनलम्बितकज्जलमुज्वलय प्रियलोचने
नयनकुरंगतरंगविलाशनिराशकरे श्रुतिमंडले
मनसिजपाशविलासधरे शुभवेश निवेशय कुंडले
भ्रमरचयं रचयन्तमुपरि रुचिरं सुचिरं मम संमुखे
जितकमले विमले परिकर्मय नर्मजनकमलकं मुखे
मृगमदरसवलितं ललितं कुरु तिलक मलिकरजनीकरे
विहितकलंककलं कमलानन विश्रमितश्रमशीकरे
मम रुचिरे चिकुरे कुरु मानद मानसजध्वजचामरे
रतिगलिते ललिते कुसुमानि शिखंडिशिखंडकडामरे

सरसघने जघने मम शम्बरदारणचारणकन्दरे
मणिरशनावशनाभरणानि शुभाशम वासय सुन्दरे।

चूम-चूमकर आँखों के काजल को तुमने फीका कर डाला है, उसे फिर से ठीक कर दो। कानों के मणिकुंडल अपनी जगह से हट गये हैं, अच्छी तरह पहना दो! लटें बिखर गयी हैं, इन्हें सँवारना होगा। ललाट पर कस्तूरी का काला टीका था, पसीने से धुल गया है; भली भाँति पोंछकर दुबारा तिलक कर दो। जूड़ा खुल गया है, वेणी शिथिल हो गयी है- इनमें फूल गुँथे थे; तुम तो सब जानते हो....बाँधें तो दोगे ही। मणि-मेखला खिसक गयी है, उसे कमर में फिर से डाल दो....!

●

श्री जयदेववचसि जयदे हृदयं कुरु मंडने
हरिचरणस्मरणामृतकृतकलिकलुषज्वरखंडने
रचय कुचयोः पत्रं चित्रं कुरुष्व कपोलयोः
घटय जघनं कांची अंच स्रजा कबरीभरं
कलय वलयश्रेणी पाणौ पदे कुरु नूपुरौ
इति निगदितः प्रीतः पीताम्बरोऽपि तथाऽकरोत्
पर्यंकीकृतनागनायक फणाश्रेणीमणीनां गणे
संक्रांतप्रतिबिम्बसम्बलनया विभ्रद्विभूपक्रियां
पादाम्भोरुहधारिवारिधिसुतामक्ष्णां दिदृक्षुः शतैः
कायव्यूहविचारन्नुपचिताभूतो हरिः पातु वः
त्वामप्राप्य मयि स्वयम्बरपरां क्षीरोदनीरोदरे
शंके सुन्दरि कालकूटमपिवन्मूढ़ो मृड़ानीपतिः
इत्थं पूर्वकथाभिरन्यमनसो निक्षिप्य वक्षोंऽचलं
राधायाः स्तनकोरकोपरि मिलन्नेत्रो हरिः पातु वः

(श्री जयदेव की मधुर वाणी पर ध्यान दो-हरि का स्मरण कलिकलुष का अपहरण करता है।)

पीताम्बर हरि ने प्रियतमा की इच्छा के अनुसार फिर से उसका श्रृंगार कर दिया....राधा को अपने सौभाग्य पर अभिमान हुआ।

शेषशय्या पर लेटते समय भगवान् की परछाई से हज़ार-फनों के मणि जगमगा उठे....चरणसेविका लक्ष्मी को दस सौ आँखों से देखने की अभिलाषा ही मानो यह विराट् रूप धारण कर रही थी....ऐसे लक्ष्मीनारायण आपकी रक्षा करें!

मथते वक्त क्षीरसागर से तुम निकलीं। स्वयंवर हुआ तो तुमने मुझे मनोनीत

किया। सम्भवतः इसी से हताश शंकर ज़हर पी गये-इस प्रकार कृष्ण राधा को अतीत-कथा सुना रहे थे और वह मुग्ध होकर सुन रही थीं कि इतने में चट से हरि दीं....वह हरि आप सबकी रक्षा करें!

●

यद् गान्धर्वकलासु कौशलमनुध्यानं च यद् वैष्णवं
यत् शृंगारविवेकतत्वमपि यत् काव्येषु लीलीयितं
तत् सर्व जयदेवपंडितकवेः कृष्णैकतानात्मनः
सानन्दाः परिशोधयन्तु सुधियः श्रीगीतगोविन्दतः
साध्वी माध्वीकचिन्ता न भवति भवतः शर्करे कर्कराऽसि
द्राक्षे द्रक्ष्यन्ति के त्वां अमृत मृतमसि क्षीर नीरं रसस्ते
माकन्द क्रन्द कान्ताऽधर धरणितलं गच्छ यच्छन्ति यावद्
भावंशृंगारसारस्वतमिह जयदेवस्य विष्वग्वचांसि।

श्री भोजदेवप्रभावस्य वामा-
देवीसुतस्य श्रीजयदेवकस्य
पराशरादिप्रियवन्धुकंठे
श्रीगीतगोविन्दकवित्वमस्तु।

इति श्री जयदेवकृतौ गीतगोविन्दे महाकाव्ये सुप्रीतपीताम्बरो नाम
द्वादशः सर्गः

संगीतकला में निपुणता। वैष्णव भावना का प्राबल्य। शृंगार तत्त्वों का परिज्ञान। काव्य का चमत्कार-यह सभी गुण सज्जनों को एक ही जगह कृष्ण-भक्त कवि जयदेव के 'गीत-गोविन्द' में मिलेंगे।

धराधाम पर जब तक कवि जयदेव की सरस सूक्तियाँ विद्यमान हैं तब तक हे मधु, कौन तेरा खयाल करेगा? मिस्री और चीनी को तब तक कौन पूछेगा? दाख, तेरी तरफ तो कोई देखेगा तक नहीं! अमृत, तू अपने को मरा समझ! दूध, तेरी क्या बात है, तू तो पानी ही ठहरा!

आम, तू तो रोता ही फिरेगा! रमणी के होंठ तुम्हारी आवश्यकता नहीं, पाताल-प्रवेश करो!

भोज थे पिता, वामा थी माँ....केन्द्रविल्व गाँव में निवास था...स्त्री का नाम पद्मावती। जयदेव का यह 'गीतगोविन्द' काव्य पराशर आदि प्रिय बन्धुओं को समर्पित है, वे लोग उसे गाएँ....!

□□